Ladera este

Poesía

Octavio Paz
Ladera este
(1962-1968)

Ladera este
Hacia el comienzo
Blanco

JOAQUÍN MORTIZ

© 1990, Octavio Paz
© 2003, Editorial Joaquín Mortiz, S.A. de C.V.
Avenida Insurgentes Sur núm. 1898, piso 11,
Colonia Florida, 01030 México, D.F.

Ilustración de la cubierta: fragmento de Garhwal, «Lovers on a terrace»,
1780-1800
Primera edición en Colección Booket: febrero de 2003

Depósito legal: B. 42.184-2002
ISBN: 968-27-0901-6
Impreso en: Litografía Rosés, S. A.
Encuadernado por: Encuadernaciones Balmes, S. L.
Printed in Spain - Impreso en España

Biografía

Octavio Paz (México, D.F., 1914-1998), poeta y
ensayista, estudió en las facultades de derecho
y filosofía y letras de la UNAM. En 1981 ganó el
Premio Cervantes y en 1990 el Premio Nobel de
literatura. Sin duda alguna, Octavio Paz es una
de las figuras más importantes de la literatura
contemporánea. Su poesía —reunida por primera vez
en *Libertad bajo palabra* (1958), a la que siguieron
Salamandra (Joaquín Mortiz, 1962), *Ladera este*
(Joaquín Mortiz, 1969), *Vuelta* (Seix Barral, 1976)
y *Árbol adentro* (Seix Barral, 1987)— se recoge en el
volumen *Obra poética 1935-1988* (Seix Barral, 1990).

No menor en importancia y extensión es su obra
ensayística, que comprende, entre otras, *El laberinto
de la soledad* (1950), *El arco y la lira* (1956),
Cuadrivio (Joaquín Mortiz, 1965), *Postdata* (1969),
El signo y el garabato (Joaquín Mortiz, 1973), *El ogro
filantrópico* (Seix Barral, 1979), *Sor Juana Inés de la
Cruz o las trampas de la fe* (Seix Barral, 1982),
La llama doble (Seix Barral, 1993), *Vislumbres de la
India* (Seix Barral, 1995).

En *Versiones y diversiones* (Joaquín Mortiz, 1973),
Paz reunió sus traducciones poéticas. En su
fundamental obra *El mono gramático* (Seix Barral,
1974) confluyen el ensayo, la narración y el poema
en prosa. Se reunieron sus conversaciones con
diversos interlocutores en el volumen *Pasión crítica*
(Seix Barral, 1985) y sus prosas de juventud en
Primeras letras (Seix Barral, 1988). Bajo el título
El fuego de cada día (Seix Barral, 1989), el propio
autor recogió una extensa y significativa selección
de su obra poética. Entre sus obras póstumas se
encuentran *Memorias y palabras* (Seix Barral, 1999)
y *Sueño en libertad* (Seix Barral, 2001).

*A
Marie-José*

LADERA ESTE
(1962-1968)

EL BALCÓN

Quieta
en mitad de la noche
no a la deriva de los siglos
no tendida
        clavada
como idea fija
en el centro de la incandescencia
Delhi
     dos sílabas altas
rodeadas de arena e insomnio
En voz baja las digo

              Nada se mueve
pero la hora crece
           se dilata
Es el verano
marejada que se derrama
Oigo la vibración del cielo bajo
sobre los llanos en letargo
Masas enormes cónclaves obscenos
nubes llenas de insectos
aplastan
        indecisos bultos enanos
(Mañana tendrán nombre

erguidos serán casas
mañana serán árboles)

Nada se mueve
La hora es más grande
                              yo más solo
clavado
            en el centro del torbellino
Si extiendo la mano
un cuerpo fofo el aire
un ser promiscuo sin cara
Acodado al balcón
                    veo

(No te apoyes,
si estás solo, contra la balaustrada,
dice el poeta chino)

No es la altura ni la noche y su luna
no son los infinitos a la vista
es la memoria y sus vértigos
Esto que veo
              esto que gira
son las acechanzas las trampas
detrás no hay nada
son las fechas y sus remolinos
(Trono de hueso

                    trono del mediodía
aquella isla
            en su cantil leonado
por un instante vi la vida verdadera
Tenía la cara de la muerte
eran el mismo rostro
                    disuelto
en el mismo mar centelleante)

Lo que viviste hoy te desvive
no estás allá
            aquí
estoy aquí
            en mi comienzo
No me reniego
            me sustento
Acodado al balcón
                    veo
nubarrones y un pedazo de luna
lo que está aquí visible
casas gente
            lo real presente
vencido por la hora
                    lo que está aquí
invisible
            mi horizonte
Si es un comienzo este comienzo

no principia conmigo
                    con él comienzo
en él me perpetúo

                    Acodado al balcón
veo
       esta lejanía tan próxima
No sé cómo nombrarla
aunque la toco con el pensamiento
la noche que se va a pique
la ciudad como un monte caído
blancas luces azules amarillas
faros súbitos paredes de infamia
y los racimos terribles
las piñas de hombres y bestias por el suelo
y la maraña de sus sueños enlazados
Vieja Delhi fétida Delhi
callejas y plazuelas y mezquitas
como un cuerpo acuchillado
como un jardín enterrado
Desde hace siglos llueve polvo
tu manto son las tolvaneras
tu almohada un ladrillo roto
En una hoja de higuera
comes las sobras de tus dioses
tus templos son burdeles de incurables
estás cubierta de hormigas

corral desamparado
                    mausoleo desmoronado
estás desnuda
                    como un cadáver profanado
te arrancaron joyas y mortaja
Estabas cubierta de poemas
todo tu cuerpo era escritura
acuérdate
                    recobra la palabra
eres hermosa
                    sabes hablar cantar bailar

Delhi
        dos torres
plantadas en el llano
                        dos sílabas altas
Yo las digo en voz baja
acodado al balcón
                        clavado
no en el suelo
                    en su vértigo
en el centro de la incandescencia
Estuve allá
                    no sé adónde
Estoy aquí
                    no sé es donde
No la tierra

15

el tiempo
en sus manos vacías me sostiene
Noche y luna
                    movimientos de nubes
temblor de árboles
                    estupor del espacio
infinito y violencia en el aire
polvo iracundo que despierta
encienden luces en el puerto aéreo
rumor de cantos por el Fuerte Rojo
Lejanías
          pasos de un peregrino son errante
sobre este frágil puente de palabras
La hora me levanta
hambre de encarnación padece el tiempo
Más allá de mí mismo
en algún lado aguardo mi llegada

TUMBA DE AMIR KHUSRÚ

Árboles cargados de pájaros
sostienen a pulso la tarde.
Arcos y patios. Entre rojos
muros, verde ponzoña, un tanque.
Un corredor lleva al santuario:
mendigos, flores, lepra, mármoles.

Tumbas, dos nombres, sus anécdotas:
Nizam Uddín, teólogo andante,
Amir Khusrú, lengua de loro.
El santo y el poeta. Grave,
brota un lucero de una cúpula.
Destella el fango del estanque.

Amir Khusrú, loro o cenzontle:
cada minuto es dos mitades,
turbia la pena, la voz diáfana.
Sílabas, incendios errantes,
vagabundas arquitecturas:
todo poema es tiempo y arde.

LA HIGUERA RELIGIOSA

El viento,
            los ladrones de frutos
(monos, pájaros)
entre las ramas de un gran árbol
esparcen las semillas.
                        Verde y sonora,
la inmensa copa desbordante
donde beben los soles
es una entraña aérea.
                        Las semillas
se abren,
            la planta se afinca
en el vacío,
            hila su vértigo
y en él se erige y se mece y propaga.
Años y años cae
                    en línea recta.
Su caída
            es el salto del agua
congelada en el salto: tiempo petrificado.

Anda a tientas,
                    lanza largas raíces,
varas sinuosas,

entrelazados

chorros negros,

              clava

pilares,

            cava húmedas galerías

donde el eco se enciende y apaga,

cobriza vibración

                     resuelta en la quietud

de un sol carbonizado cada día.

Brazos, cuerdas, anillos,

                     maraña

de mástiles y cables, encallado velero.

Trepan,

        se enroscan las raíces

errantes.

          Es una maleza de manos.

No buscan tierra: buscan un cuerpo,

tejen un abrazo.

             El árbol

es un emparedado vivo.

                 Su tronco

tarda cien años en pudrirse.

                 Su copa:

el cráneo mondo, las astas rotas del venado.

Bajo un manto de hojas coriáceas,

ondulación que canta
                    del rosa al ocre al verde,
en sí misma anudada
                    dos mil años,
la higuera se arrastra, se levanta, se estrangula.

EL MAUSOLEO DE HUMAYÚN

Al debate de las avispas
la dialéctica de los monos
gorjeos de las estadísticas
opone
          (alta llama rosa
hecha de piedra y aire y pájaros
tiempo en reposo sobre el agua)

la arquitectura del silencio

AL PINTOR SWAMINATHAN

Con un trapo y un cuchillo
                          contra la idea fija
contra el toro del miedo
contra la tela contra el vacío
                          el surtidor
la llama azul del cobalto
                          el ámbar quemado
verdes recién salidos del mar
                          añiles reflexivos
Con un trapo y un cuchillo
                          sin pinceles
con los insomnios con la rabia con el sol
contra el rostro en blanco del mundo
el surtidor
          la ondulación serpentina
la vibración acuática del espacio
el triángulo el arcano
la flecha clavada en el altar negro
los alfabetos coléricos
la gota de tinta de sangre de miel
Con un trapo y un cuchillo
                          el surtidor
salta el rojo mexicano
                    y se vuelve negro

salta el rojo de la India
                              y se vuelve negro
los labios ennegrecen
                         negro de Kali
carbón para tus cejas y tus párpados
mujer deseada cada noche
                         negro de Kali
el amarillo y sus fieras abrasadas
el ocre y sus tambores subterráneos
el cuerpo verde de la selva negra
el cuerpo azul de Kali
                         el sexo de la Guadalupe
Con un trapo y un cuchillo
                         contra el triángulo
el ojo revienta
                    surtidor de signos
la ondulación serpentina avanza
marea de apariciones inminentes

El cuadro es un cuerpo
vestido sólo por su enigma desnudo

EN LOS JARDINES DE LOS LODI

En el azul unánime
los domos de los mausoleos
—negros, reconcentrados, pensativos—
emitieron de pronto

              pájaros

EL DÍA EN UDAIPUR

Blanco el palacio,
Blanco en el lago negro.
Lingam y *yoni*.
                    Como la diosa al dios
                    tú me rodeas, noche.

Fresca terraza.
Eres inmensa, inmensa
a la medida.
                    Estrellas inhumanas.
                    Pero la hora es nuestra.

Caigo y me elevo,
ardo y me anego. ¿Sólo
tienes un cuerpo?
                    Pájaros sobre el agua,
                    alba sobre los párpados.

Ensimismados,
altos como la muerte,
brotan los mármoles.
                    Encallan los palacios,
                    blancura a la deriva.

Mujeres, niños
por los caminos. Frutas
desparramadas.

                    ¿Harapos o relámpagos?
                    Procesión en el llano.

Sonora y fresca
por brazos y tobillos
corre la plata.

                    Con un traje alquilado
                    el niño va a su boda.

La ropa limpia
tendida entre las piedras.
Mírala y calla.

                    En el islote chillan
                    monos de culo rojo.

Cuelga del muro,
oscuro sol en celo,
un avispero.

                    También mi frente es sol
                    de pensamientos negros.

Moscas y sangre.
En el patio de Kali
trisca un cabrito.

Del mismo plato comen
dioses, hombres y bestias.

Sobre el dios pálido
la diosa negra baila,
decapitada.

                    Calor, hora rajada,
                    y esos mangos podridos. . .

Tu frente, el lago:
lisos, sin pensamientos.
Salta una trucha.

                    Luces sobre las aguas:
                    ánimas navegantes.

Ondulaciones:
ocre el llano —y la grieta. . .
Tu ropa al lado.

                    Sobre tu cuerpo en sombra
                    estoy como una lámpara.

Viva balanza:
los cuerpos enlazados
sobre el vacío.

                    El cielo nos aplasta,
                    el agua nos sostiene.

Abro los ojos:
nacieron muchos árboles
hoy por la noche.

                Esto que he visto y digo,
                el sol, blanco, lo borra.

WHITE HUNTRESS

No lejos del *dak bungalow*,
entre bambúes y yerbales,
tropecé con Artemisa.
Iba armada de punta en blanco:
un *cooli* cargaba el *Holland and Holland*,
otro el *vanity case* y la maleta
con los antibióticos y los preservativos.

GOLDEN LOTUSES (1)

1

No brasa
       ni chorro de jerez:
la descarga del gimnoto
o, más bien, el chasquido
de la seda
      al rasgarse.

2

En su tocador,
alveolo cristalino,
duermen todos los objetos
menos las tijeras.

3

A mitad de la noche
vierte,
    en el oído de sus amantes,
tres gotas de luz fría.

4

Se desliza, amarilla y eléctrica,
por la piscina del *hall*.
              Después, quieta,
brilla,
    estúpida como piedra preciosa.

EL OTRO

Se inventó una cara.
                    Detrás de ella
vivió, murió y resucitó
muchas veces.
                Su cara
hoy tiene las arrugas de esa cara.
Sus arrugas no tienen cara.

GOLDEN LOTUSES (2)

Delgada y sinuosa
como la cuerda mágica.
Rubia y rauda:
                    dardo y milano.
Pero también inexorable rompehielos.
Senos de niña, ojos de esmalte.
Bailó en todas las terrazas y sótanos,
contempló un atardecer en San José, Costa Rica,
durmió en las rodillas de los Himalayas,
fatigó los bares y las sabanas de África.
A los veinte dejó a su marido
por una alemana;
a los veintiuno dejó a la alemana
por un afgano;
a los cuarenta y cinco
vive en Proserpina Court, int. 2, Bombay.
Cada mes, en los días rituales,
llueven sapos y culebras en la casa,
los criados maldicen a la demonia
y su amante *parsi* apaga el fuego.
Tempestad en seco.
                    El buitre blanco
picotea su sombra.

CAZA REAL

Apuro del taxidermista:
su alteza le remite,
para su galería de trofeos,
las pieles, no muy bien curtidas,
de su padre y su hermano el primogénito.

GOLDEN LOTUSES (3)

Jardines despeinados,
casa grande como una hacienda.
Hay muchos cuartos vacíos,
muchos retratos de celebridades
desconocidas. Moradas y negras,
en paredes y sedas marchitas
las huellas digitales
de los monzones giratorios.
Lujo y polvo. Calor, calor.
La casa está habitada por una mujer rubia.
La mujer está habitada por el viento.

EPITAFIO DE UNA VIEJA

La enterraron en la tumba familiar
y en las profundidades
tembló el polvo del que fue su marido.

PERPETUA ENCARNADA

Tiemblan los intrincados jardines
juntan los árboles las frentes
cuchichean
        El día
arde aún en mis ojos
hora a hora lo vi deslizarse
ancho y feliz como un río
sombra y luz enlazadas sus orillas
y un amarillo remolino
una sola intensidad monótona
el sol fijo en su centro
        Gravitaciones
oscilaciones de materia impalpable
blancas demoliciones
congregaciones de la espuma nómada
grandes montañas de allá arriba
colgadas de la luz
gloria inmóvil que un parpadeo
vuelve añicos
        Y aquí abajo
papayos mangos tamarindos laureles
araucarias excelsas chirimoyos
el baniano
        más bosque que árbol

verde algarabía de millones de hojas
frutos negruzcos bolsas palpitantes
murciélagos dormidos colgados de las ramas

Todo era irreal en su demasía

Sobre la pared encalada
teatro escrito por el viento y la luz
las sombras de la enredadera
más verde que la palabra marzo
máscara de la tarde
abstraída en la caligrafía de sus pájaros
Entre las rejas trémulas de los reflejos
iba y venía
                   una lagartija transparente
Graciosa terrible diminuta
cambiaba de lugar y no de tiempo
subía y bajaba por un presente
sin antes ni después
                   Desde mi ahora
como aquel que se asoma a precipicios
yo la miraba
              Mareo
                   Pululación y vacío
la tarde la bestezuela mi conciencia
una vibración idéntica indiferente
Y vi en la cal una explosión morada

cuántos soles en un abrir y cerrar de ojos
Tanta blancura me hizo daño
Me refugié en los eucaliptos
pedí a su sombra
                    llueva o truene
ser siempre igual
                    silencio de raíces
y la conversación airosa de las hojas
Pedí templanza pedí perseverancia
Estoy atado al tiempo
                    prendido prendado
estoy enamorado de este mundo
ando a tientas en mí mismo extraviado
pido entereza pido desprendimiento
Abrir los ojos
                    evidencias ilesas
entre las claridades que se anulan
No la abolición de las imágenes
la encarnación de los pronombres
el mundo que entre todos inventamos
pueblo de signos
                    y en su centro
la solitaria
          perpetua encarnada
una mitad mujer
                    peña manantial la otra

Palabra de todos con que hablamos a solas
pido que siempre me acompañes
razón del hombre
el animal de manos radiantes
el animal con ojos en las yemas

La noche se congrega y se ensancha
nudo de tiempos y racimo de espacios
veo oigo respiro
Pido ser obediente a este día y esta noche

POR LOS CAMINOS DE MYSORE

Rocas azules, llanos colorados,
cárdenos pedregales, nopaleras,
magueyes, bosques acuchillados — y la gente:
¿su piel es más oscura o más blancas sus mantas?
Patrias del gavilán, cielos tendidos
sobre el campo de par en par abierto.
La tierra es buena para soñar o cabalgarla.
A pesar de las hambres son bien dadas las hembras:
pecho y cadera llenos, descalzas y alhajadas,
del magenta al turquesa el vestido vehemente.
Ellos y ellas andan tatuados.
Raza de ojos inmensos, pedernal la mirada.
Hablan en jerigonza, tienen ritos extraños,
pero Tipú Sultán, el Tigre de Mysore,
bien vale Nayarit y su Tigre de Alica.

UTACAMUD

1

En las montañas Nilgiri
busqué a los Toda.
Sus templos son establos cónicos.
Flacos, barbudos y herméticos,
al ordeñar sus búfalos sagrados
salmodian himnos incoherentes.
Desde Sumeria guardan un secreto
sin saber que lo guardan
y entre los labios resecos de los viejos
el nombre de Ishtar, diosa cruel,
brilla como la luna sobre un pozo vacío.

2

En la veranda del Cecil Hotel
Miss Penélope (pelo canario,
medias de lana, báculo) repite
desde hace treinta años: *Oh India,
country of missed oportunities.* . .
Arriba,
entre los fuegos de artificio
de la jacaranda,

                    graznan los cuervos,
   alegremente.

3

Altas yerbas y árboles bajos.
Territorio indeciso. En los claros
las termitas aladas construyen
diminutos castillos ciclópeos.
Homenajes de arena
a Micenas y Machu-Picchu.

4

Más hojoso y brillante
el *nim* es como el fresno:
es un árbol cantante.

5

Visión en el desfiladero:
el árbol de camelias rosa
doblado sobre el precipicio.
Fulgor entre verdores taciturnos
plantado en un abismo.
Una presencia impenetrable,
indiferente al vértigo —y al lenguaje.

6

Crece en la noche el cielo,
eucalipto encendido.
Estrellas generosas:
no me aplastan, me llaman.

CERCA DEL CABO COMORÍN

En un *land-rover* averiado
en mitad del campo llovido.
Árboles con el agua al cuello
bajo un cielo recién nacido
Y blancos pájaros flemáticos,
airones y garzotas, impolutos
entre tantos verdes dramáticos.
En la ciénaga sumergidos
estultos búfalos lustrosos comen,
casi enteramente dormidos,
lirios acuáticos.
          Una pandilla
de monos mendicantes. Increíble
mente trepada, una cabra amarilla
sobre una piedra puntiaguda. Un cuervo
sobre la cabra. Y la invisible,
aunque constante, pánica presencia:
no araña o cobra, lo Innominable,
la universal indiferencia
donde la forma vil y la adorable
prosperan y se anulan: vacíos hervideros.
Doble latido en la fijeza del espacio:
el sol junto a la luna. Anochece.
El martín pescador es un topacio

instantáneo. El carbón prevalece.
Se disuelve el paisaje ahogado.
¿Soy alma en pena o cuerpo errante?
Se disuelve también el *land-rover* parado.

EFECTOS DEL BAUTISMO

El joven Hassan,
por casarse con una cristiana,
se bautizó.
      El cura,
como a un vikingo,
lo llamó Erik.
        Ahora
tiene dos nombres
y una sola mujer.

COCHIN

1

Para vernos pasar
se alza de puntillas,
diminuta y blanquísima
entre los cocoteros,
la iglesia portuguesa.

2

Velas color canela.
El viento se levanta:
respiración de senos.

3

Con mantilla de espuma,
jazmines en el pelo
y aretes de oro,
van a misa de siete,
no en México ni en Cádiz:
en Travancore.

4

Ante el patriarca nestoriano
latió más fuerte
mi corazón herético.

5

En el cementerio cristiano
pastan
        vacas dogmáticas,
tal vez shivaítas.

6

Los mismos ojos ven, la misma tarde:
la buganvilia de múltiples brazos,
la elefancía y su pierna violácea,
entre el mar rosa y el palmar cetrino.

APOTEOSIS DE DUPLEIX

(50 yd. of the pier of Pondiechery is the statue
of the unhappy rival of Clive, on a pedestal
formed of old fragments of temples.
Murray's Handbook of India)

Cara al mar se despliega,
abanico de piedra, el semicírculo.
Desgajadas de un templo, las columnas
son nueve: los nueve planetas.
En el centro, de pie sobre la basa,
proa el mentón, la testa pararrayos,
ungido de alquitrán y mantequilla,
no Ganesh ni Hanumán: entre la cáfila
de dioses todavía dios anónimo,
horas también anónimas gobierna,
diestra en alto, calzón corto, peluca,
el general Dupleix, fijo en su zócalo,
entre el Hotel d'Europe y el mar sin barcos.

MADURAI

En el bar del British Club
—sin ingleses, *soft drinks*—
Nuestra ciudad es santa y cuenta
me decía, apurando su naranjada,
con el templo más grande de la India
(Minakshi, diosa canela)
y el garage T.S.V. (tus ojos son dos peces.)
el más grande también en el subcontinente:
Sri K.J. Chidambaram,
yo soy familiar de ambas instituciones.
Director de The Great Lingam Inc.,
Compañía de Autobuses de Turismo.

FELICIDAD EN HERAT

A Carlos Pellicer

Vine aquí
como escribo estas líneas,
sin idea fija:
una mezquita azul y verde
seis minaretes truncos,
dos o tres tumbas,
memorias de un poeta santo,
los nombres de Timur y su linaje.

Encontré al viento de los cien días.
Todas las noches las cubrió de arena,
acosó mi frente, me quemó los párpados.
La madrugada:
                    dispersión de pájaros
y ese rumor de agua entre piedras
que son los pasos campesinos.
(Pero el agua sabía a polvo.)
Murmullos en el llano,
apariciones
                    desapariciones,
ocres torbellinos
insustanciales como mis pensamientos.
Vueltas y vueltas

en un cuarto de hotel o en las colinas:
la tierra un cementerio de camellos
y en mis cavilaciones siempre
los mismos rostros que se desmoronan.
¿El viento, el señor de las ruinas,
es mi único maestro?
Erosiones:
el menos crece más y más.

En la tumba del santo,
hondo en el árbol seco,
clavé un clavo,
                    no,
como los otros, contra el mal de ojo:
contra mí mismo.
                    (Algo dije:
palabras que se lleva el viento.)

Una tarde pactaron las alturas.
Sin cambiar de lugar
                    caminaron los chopos.
Sol en los azulejos
                    súbitas primaveras.
En el Jardín de las Señoras
subí a la cúpula turquesa.
Minaretes tatuados de signos:
la escritura cúfica, más allá de la letra,

se volvió transparente.
No tuve la visión sin imágenes,
no vi girar las formas hasta desvanecerse
en claridad inmóvil,
el ser ya sin sustancia del sufí.
No bebí plenitud en el vacío
ni vi las treinta y dos señales
del Bodisatva cuerpo de diamante.
Vi un cielo azul y todos los azules,
del blanco al verde
todo el abanico de los álamos
y sobre el pino, más aire que pájaro,
el mirlo blanquinegro.
Vi al mundo reposar en sí mismo.
Vi las apariencias.
Y llamé a esa media hora:
Perfección de lo Finito.

PASO DE TANGHI-GARU

Tierra tasajeada:
la marcó el invierno con sus armas,
vestidura de espinas fue la primavera.

Montes de mica. Cabras negras.
Bajo las pezuñas sonámbulas
la pizarra relumbra, ceñuda.

Sol fijo, clavado
en la enorme cicatriz de piedra.
La muerte nos piensa.

SHARJ TEPÉ

Como una leona echada
y del mismo color airado
la pelambre,
                    la colina famélica.
En sus lomos terrosos,
                    diseminados
en un orden indescifrable,
groseros montones de piedras:
el cementerio de los hunos blancos.
A veces,
            un aleteo azul y rápido:
un pájaro,
            único lujo en tanta muerte.

APARICIÓN

Si el hombre es polvo
esos que andan por el llano
son hombres

PUEBLO

Las piedras son tiempo
                        El viento
siglos de viento
                Los árboles son tiempo
las gentes son piedra
                        El viento
vuelve sobre sí mismo y se entierra
en el día de piedra

No hay agua pero brillan los ojos

VRINDABAN

Rodeado de noche
follaje inmenso de rumores
grandes cortinas impalpables
hálitos
            escribo me detengo
escribo

            (Todo está y no está
todo calladamente se desmorona
sobre la página)

                    Hace unos instantes
corría en un coche
entre las casas apagadas
                        Corría
entre mis pensamientos encendidos
Arriba las estrellas
                    jardines serenísimos
Yo era un árbol y hablaba
estaba cubierto de hojas y ojos
Yo era el murmullo que avanza
el enjambre de imágenes

(Ahora trazo unos cuantos signos

crispados
        negro sobre blanco
diminuto jardín de letras
a la luz de una lámpara plantado)

corría el coche
por los barrios dormidos yo corría
tras de mis pensamientos
                        míos y de los otros
Reminiscencias supervivencias figuraciones
nombres
        Los restos de las chispas
        y las risas de la velada
        la danza de las horas
        la marcha de las constelaciones
y otros lugares comunes
¿Yo creo en los hombres
                        o en los astros?
Yo creo
        (aquí intervienen los puntos
suspensivos)
                Yo veo

Pórtico de columnas carcomidas
estatuas esculpidas por la peste
la doble fila de mendigos
                        y el hedor

rey en su trono
                    rodeado
como si fuesen concubinas
por un vaivén de aromas
puros casi corpóreos ondulantes
del sándalo al jazmín y sus fantasmas
Putrefacción
                    fiebre de formas
                                        fiebre del tiempo
en sus combinaciones extasiado
Cola de pavo real el universo entero
miríadas de ojos
                    en otros ojos reflejados
modulaciones reverberaciones de un ojo único
un solitario sol
                    oculto
tras su manto de transparencias
su marea de maravillas

Todo llameaba
                    piedras mujeres agua
Todo se esculpía
                    del color a la forma
de la forma al incendio
                                        Todo se desvanecía
Música de metales y maderas
en la celda del dios

matriz del templo

Música
como el agua y el viento en sus abrazos
y sobre los sonidos enlazados
la voz humana
luna en celo por el mediodía
estela del alma que se desencarna

(Escribo sin conocer el desenlace
de lo que escribo
                    Busco entre líneas
mi imagen es la lámpara
                              encendida
en mitad de la noche)

                    Saltimbanqui
mono de lo Absoluto
                    garabato
en cuclillas
              cubierto de cenizas pálidas
un sadú me miraba y se reía
Desde su orilla me miraba
                    lejos lejos
como los animales y los santos me miraba
Desnudo desgreñado embadurnado
un rayo fijo los ojos minerales
Yo quise hablarle

me respondió con borborigmos

Ido ido

¿Adónde
        a qué región del ser
a qué existencia a la intemperie de qué mundos
en qué tiempo?

                (Escribo
cada letra es un germen
                La memoria
insiste en su marea
y repite su mismo mediodía)

Ido ido
        Santo pícaro santo
arrobos del hambre o de la droga
Tal vez vio a Krishna
                árbol azul y centelleante
nocturno surtidor brotando en la sequía
Tal vez en una piedra hendida
palpó la forma femenina
                y su desgarradura
el vértigo sin forma
                Por esto o aquello
vive en el muelle donde queman a los muertos

Las calles solas

las casas y sus sombras
Todo era igual y todo era distinto
El coche corría
                    yo estaba quieto
entre mis pensamientos desbocados

(Ido ido
Santo payaso santo mendigo rey maldito
es lo mismo
                    siempre lo mismo
                                        en lo mismo
Es ser siempre en sí mismo
                                        encerrado
en lo mismo
                    En sí mismo cerrado
ídolo podrido)

                    Ido ido
desde su orilla me miraba
                              me mira
desde su interminable mediodía
Yo estoy en la hora inestable
El coche corre entre las casas
Yo escribo a la luz de una lámpara
Los absolutos las eternidades
y sus aledaños
                    no son mi tema

62

Tengo hambre de vida y también de morir
Sé lo que creo y lo escribo
Advenimiento del instante
                              el acto
el movimiento en que se esculpe
y se deshace el ser entero
Conciencia y manos para asir el tiempo
soy una historia
                    una memoria que se inventa
Nunca estoy solo
hablo siempre contigo hablas siempre conmigo
A oscuras voy y planto signos

INTERMITENCIAS DEL OESTE (1)

(CANCIÓN RUSA)

Construimos el canal:
nos reeducan por el trabajo.

El viento se quiebra en nuestros hombros.
Nosotros nos quebramos en las rocas.

Eramos cien mil, ahora somos mil.
No sé si mañana saldrá el sol para mí.

HIMACHAL PRADESH (1)

Vi
al pie de los contrafuertes
la dispersión de los horizontes
(En un cráneo de caballo
una colmena de abejas atareadas)

Vi
el vértigo petrificado
el jardín suspendido de la asfixia
(Una mariposa atigrada
inmóvil sobre la punta de un aroma)

Vi
las montañas de los sabios
donde el viento destroza a las águilas
(Una niña y una vieja en los huesos
cargar fardos más grandes que estos montes)

INTERMITENCIAS DEL OESTE (2)

(CANCIÓN MEXICANA)

Mi abuelo, al tomar el café,
me hablaba de Juárez y de Porfirio,
los zuavos y los plateados.
Y el mantel olía a pólvora.

Mi padre, al tomar la copa,
me hablaba de Zapata y de Villa,
Soto y Gama y los Flores Magón.
Y el mantel olía a pólvora.

Yo me quedo callado:
¿de quién podría hablar?

HIMACHAL PRADESH (2)

La nuestra
                (rapado, ventrudo y)
es la Civilización maáas
                                (untuoso)
antigua del
                (en el atajo caprino
su manto azafrán era una llama)
                                        ¡Mundo!
(en movimiento)
                        Esta tierra es
(y el rumor de sus sandalias
sobre las púas secas de los pinos)
                                        Santa:
la tierra de
                (era como si pisara) *los Vedas.*
(cenizas.)
                El hombre
                                (Con el índice)
empezó a pensar
                        (categórico)
                                hace cinco mil años
(el pandit me mostraba)
                                Aquí. . .
                                (los Himalayas,
las montañas más jóvenes del planeta.)

INTERMITENCIAS DEL OESTE (3)

(MÉXICO: OLIMPIADA DE 1968)

A Dore y Adja Yunkers

La limpidez
            (quizá valga la pena
escribirlo sobre la limpieza
de esta hoja)
                  no es límpida:
es una rabia
            (amarilla y negra
acumulación de bilis en español)
extendida sobre la página.
¿Por qué?
            La vergüenza es ira
vuelta contra uno mismo:
                              si
una nación entera se avergüenza
es león que se agazapa
para saltar.
            (Los empleados
municipales lavan la sangre
en la Plaza de los Sacrificios.)
Mira ahora,
            manchada

antes de haber dicho algo
que valga la pena,
                    la limpidez.

5 pequeñas abominaciones
vistas, oídas, cometidas:

El festín de los buitres.
Comieron tanto que no pueden volar.
No muy lejos, sobre una peña,
un águila tullida
espera su resto de carroña.

El *barrister* de Nagpur pesca al extranjero
en la veranda del *dak bungalow* y le ofrece,
en un inglés enmelado, un trago, un cesto
de ciruelas de su huerta, un mapa, un
almuerzo de *curry*, noticias verídicas del país,
el balcón de su casa con una vista
única. . . Su mujer lo observa, oblicua,
mascullando injurias en hindustani.

Ya por tomar el fresco o sorprender
ese momento de armisticio
en que la media luna es verdadera
mente blanca y el sol es todavía el sol,
se asoma al aire la pareja de viejitos.
Se animan, resucitan

una pasión feroz de insectos.
Sonaja de semillas secas:
la hora de las recriminaciones.

En el patio del club seis eucaliptos
se ahogan en una casi luz casi miel,
tres ingleses supervivientes del *British Raj*
comentan con un *sikh* el *match* de *cricket* en Sidney,
unas matronas indias juegan *bridge*,
un paria lava el piso en cuclillas
y se eclipsa, un astro negro
se abre en mi frente como una granada
(EN PARÍS PRENDEN FUEGO A LA BOLSA,
TEMPLO DEL CAPITALISMO),
los pinos ensombrecen la colina.

Polvo y gritos de pájaros
sobre la tarde quemada.
Yo escribo estas líneas infames.

INTERMITENCIAS DEL OESTE (4)

(PARÍS: LES AVEUGLES LUCIDES)

Dans l'une des banlieues de l'absolu,
les mots ayant perdu leur ombre,
ils faisaient commerce de reflets
jusqu'à perte de vue.
                              Ils se sont noyés
dans une interjection.

TUMBA DEL POETA

El libro
       el vaso
el verde oscuramente tallo
               el disco
lecho de la bella durmiente la música
las cosas anegadas en sus nombres
decirlas con los ojos
            en un allá no sé donde

clavarlas
      lámpara lápiz retrato
esto que veo
      clavarlo
como un templo vivo
          plantarlo
como un árbol
        un dios
coronarlo
      con un nombre
         inmortal
irrisoria corona de espinas
        ¡lenguaje!

El tallo y su flor inminente
        sol-sexo-sol

la flor sin sombra

25.   la palabra

se abre

          en un allá sin donde

extensión inmaculada

transparencia que sostiene a las cosas

30. caídas

          por la mirada

levantadas

          en un reflejo

                    suspendidas

35. Haz de mundos

               instantes

racimos encendidos

selvas andantes de astros

sílabas errantes

40.   Marea

todos los tiempos del tiempo

               SER

una fracción de segundo

               lámpara lápiz retrato

5. en un aquí no sé donde

          Un nombre

comienza

          asirlo plantarlo decirlo

74

como un bosque pensante
                              encarnarlo   50.
Un linaje comienza
                    en un nombre
un adán
          como un templo vivo
nombre sin sombra   55.
                         clavado
como un dios
             en este aquí sin donde
¡lenguaje!

          Acabo en su comienzo   60.
en esto que digo
                acabo
SER
     sombra de un nombre instantáneo

NUNCA SABRÉ MI DESENLACE   65.

MADRUGADA AL RASO

Los labios y las manos del viento
el corazón del agua
                    un eucalipto
el campamento de las nubes
la vida que nace cada día
la muerte que nace cada vida

Froto mis párpados:
el cielo anda en la tierra

UN ANOCHECER

¿Qué la sostiene, entreabierta
claridad anochecida,
luz por los jardines suelta?

Todas las ramas, vencidas
por un agobio de pájaros,
hacia lo oscuro se inclinan.

Sobre las bardas —intactos:
todavía resplandores—
instantes ensimismados.

Para recibir la noche
se cambian las arboledas
en callados surtidores.

Cae un pájaro, la yerba
ensombrece, los confines
se borran, la cal es negra,
el mundo es menos creíble.

LA EXCLAMACIÓN

Quieto
       no en la rama
en el aire
         No en el aire
en el instante
          el colibrí

PRÓJIMO LEJANO

Anoche un fresno
a punto de decirme
algo —callóse.

LECTURA DE JOHN CAGE

Leído
    desleído:
Music without measurements,
sounds passing through circumstances.
Dentro de mí los oigo
                      pasar afuera,
fuera de mí los veo
                      pasar conmigo.
Yo soy la circunstancia.
Música:
        oigo adentro lo que veo afuera,
        veo dentro lo que oigo fuera.
(No puedo oírme oír: Duchamp.)
                         Soy
una arquitectura de sonidos
instantáneos
        sobre
un espacio que se desintegra.
                (Everything
we come across is to the point.)
                   La música
inventa al silencio,
        la arquitectura
inventa al espacio.

Fábricas de aire.

El silencio
           es el espacio de la música:
un espacio
           inextenso:
                     no hay silencio
salvo en la mente.
              El silencio es una idea,
              la idea fija de la música.
La música no es una idea:
                   es movimiento,
sonidos caminando sobre el silencio.
(Not one sound fears the silence
                   that extinguishes it.)

Silencio es música,
              música no es silencio.
Nirvana es Samsara
              Samsara no es Nirvana.
El saber no es saber:
              recobrar la ignorancia,
saber del saber.
              No es lo mismo
oír los pasos de esta tarde
entre los árboles y las casas
                   que
ver la misma tarde ahora
entre los mismos árboles y casas

                    después de leer

Silence:

                Nirvana es Samsara,

                            silencio es música.

(Let life obscure

                the difference between art and life.)

Música no es silencio:

                        no es decir

lo que dice el silencio,

                        es decir

lo que no dice.

                Silencio no tiene sentido

                sentido no tiene silencio.

sin ser oída

            la música se desliza entre ambos.

(Every something is an echo of nothing.)

En el silencio de mi cuarto

                        el rumor de mi cuerpo:

inaudito.

                Un día oiré sus pensamientos.

                                    La tarde

se ha detenido:

                no obstante —camina.

Mi cuerpo oye al cuerpo de mi mujer

                                (A cable of sound)

y le responde:

                esto se llama música.

La música es real,
                    el silencio es una idea.
John Cage es japonés
                    y no es una idea:
es sol sobre nieve.
                    Sol y nieve no son lo mismo:
el sol es nieve y la nieve es nieve
                    o
el sol no es nieve ni la nieve es nieve
o
  John Cage no es americano
(U.S.A. is determined to keep the Free World free,
U.S.A. determined)
                    o
John Cage es americano
                    (That the U.S.A. may become
Just another part of the world.
                    No more, no less.)

La nieve no es sol,
                    la música no es silencio,
el sol es nieve,
                    el silencio es música.
(The situation must be Yes-and-No
                    not either-or)

Entre el silencio y la música,
                    el arte y la vida,
la nieve y el sol

                    hay un hombre.
Ese hombre es John Cage
                              (Committed
to the nothing in between).
                                  Dice una palabra:
no nieve no sol,
                         una palabra
que no es
             silencio:
A year from Monday you will hear it.

La tarde se ha vuelto invisible.

SOLTURA

A Cintio Vitier

Bajo la lluvia de los tambores
el tallo negro de la flauta
crecía y se desvanecía y reverdecía
Las cosas se desataban de sus nombres
al borde de mi cuerpo
                    yo fluía
entre los elementos desceñidos

CONCIERTO EN EL JARDÍN

(VINA Y MRIDANGAM)

A Carmen Figueroa de Meyer

Llovió.
La hora es un ojo inmenso.
Somos nuestros reflejos.
El río de la música
entra en mi sangre.
Si digo: cuerpo, contesta: viento.
Si digo: tierra, contesta: ¿dónde?

Se abre, flor doble, el mundo:
Tristeza de haber venido,
alegría de estar aquí.

Ando perdido en mi propio centro.

LO IDÉNTICO

(ANTON WEBERN, 1883-1945)

Espacios
                espacio
Sin centro ni arriba ni abajo
se devora y se engendra y no cesa
Espacio remolino
                        y caída hacia arriba
Espacios
                claridades cortadas a pico
suspendidas
                        al flanco de la noche
jardines negros de cristal de roca
en una vara de humo florecidos
jardines blancos que estallan en el aire
Espacios
                un solo espacio que se abre
corola
        y se disuelve
                        espacio en el espacio

Todo es ninguna parte
lugar de las nupcias impalpables

DÓNDE SIN QUIÉN

No hay
ni un alma entre los árboles
Y yo
no sé adónde me he ido.

CARTA A LEÓN FELIPE

EN RESPUESTA A SU POEMA-SALUDO Y A SU CARTA
SOBRE NUESTRO DESENCUENTRO EN MÉXICO, EL
VERANO PASADO (1967)

León
     el quinto signo del cielo giratorio
                          el león

cara de sol
         el sol cara de hombre
                      Sol

el quinto son
        al centro de la música

el quinto sol
        centro del movimiento
                     León

Felipe querido
           Buenos días
Hoy llegó el sol con tu poema
               hoy

llegó el león
        y se plantó en medio
entre los domos de los mausoleos Lodi
(bajo el cielo intachable
negros planetas cercenados)
y el Yamuna de fango iridiscente

89

En Prithviraj Road 13
                    leo tu poema
bajo esta luz natural
                    Sostiene al mundo
como una mano
                    en su palma
los colores los cuerpos las formas
                                        saltan
reposan saltan
                Las cosas
como los saltimbanquis
                            andan por el aire
Dos loros en pleno vuelo
                            desafían al movimiento
y al lenguaje
                ¡Míralos
                    ya se fueron!
Irradiación de unas cuantas palabras
Es un aleteo
                el mundo se aclara
sólo para volverse invisible

Aprender a ver oír decir
                        lo instantáneo
es nuestro oficio
                    ¿Fijar vértigos?
Las palabras

como los pericos en celo
se volatilizan
su movimiento
es un regreso a la inmovilidad

No nos queda dijo Bataille
sino escribir comentarios
insensatos
sobre la ausencia de sentido del escribir
Comentarios que se borran
La escritura poética
es borrar lo escrito
Escribir
sobre lo escrito
lo no escrito
Representar la *comedia* sin desenlace
Je ne puis parler d'une absence de sens
sinon lui donnant un sens qu'elle n'a pas

La escritura poética es
aprender a leer
el hueco de la escritura
en la escritura
No huellas de lo que fuimos
caminos
hacia lo que somos
el poeta

lo dices en tu carta
                    es el preguntón
el que dibuja la pregunta
                    sobre el hoyo
y al dibujarla
                    la borra
La poesía
          es la ruptura instantánea
instantáneamente cicatrizada
                    abierta de nuevo
por la mirada de los otros
                    La ruptura
es la continuidad
la muerte del Comandante Guevara
también es ruptura
                    no un fin
Su memoria
          no es una cicatriz
es una continuidad que se desgarra
para continuarse
                    La poesía
es la hendidura
          el espacio
entre una palabra y otra
configuración del inacabamiento

León Felipe

92

                    leo tu poema
bajo árboles fraternales
Tienen nombres que tú no conoces
ellos conocen el tuyo
                        Cae
sobre este verdor hipnotizado
una luz impalpable
                        cae
    sobre las letras de tu poema
    sobre el gato sonámbulo
    sobre el insecto de vidrio
    sobre el pájaro carbonizado en su canto
    sobre la piel de mi mujer dormida-despierta
Todo esto que me rodea
                        seres y cosas nombres
es inaccesible en su proximidad
                        Palpable lejanía
como la mujer
            En su cuerpo
el mundo se manifiesta y se oculta
forma que ven mis ojos
                        y mi tacto disipa
Demasía de la presencia
                        más que un cuerpo
la mujer es una pregunta
                        y es una respuesta
    La veo la toco

también hablo con ella
callo con ella somos un lenguaje
Algunos quieren cambiar el mundo
                              otros leerlo
nosotros queremos hablar con él
                              Al callarnos
mi mujer y yo
                  aprendemos a oírlo
Un día tal vez nos dirá algo

La luz cae sobre las presencias
                              cae
sobre estas palabras
                  La luz
ignora la escritura
                  nos ignora
Adiós León Felipe
                  Buenos días
(en esta página)
                  No nos vimos en México
el desencuentro fue un encuentro
irradiación de unas cuantas palabras
ligereza de sílabas girando
en la inmovilidad de este día de invierno

ESCRITURA

Yo dibujo estas letras
como el día dibuja sus imágenes
y sopla sobre ellas y no vuelve

CONCORDE

A Carlos Fuentes

Arriba el agua
abajo el bosque
el viento por los caminos

Quietud del pozo
El cubo es negro El agua firme

El agua baja hasta los árboles
El cielo sube hasta los labios

SUNYATA

Al confín
        yesca
del espacio calcinado
la ascensión amarilla
del árbol
        Torbellino ágata
presencia que se consume
en una gloria sin sustancia
Hora a hora se deshoja
el día
     ya no es
sino un tallo de vibraciones
que se disipan
          Y entre tantas
beatitudes indiferentes
brota
     intacto idéntico
el día
     El mismo que fluye
entre mis manos
        el mismo
brasa sobre mis párpados
El día   El árbol

JUVENTUD

El salto de la ola
                     más blanca
cada hora
           más verde
cada día
           más joven
la muerte

HACIA EL COMIENZO
(1964 - 1968)

VIENTO ENTERO

El presente es perpetuo
Los montes son de hueso y son de nieve
están aquí desde el principio
El viento acaba de nacer
                              sin edad
como la luz y como el polvo
                              Molino de sonidos
el bazar tornasolea
                    timbres motores radios
el trote pétreo de los asnos opacos
cantos y quejas enredados
entre las barbas de los comerciantes
alto fulgor a martillazos esculpido
En los claros de silencio
                              estallan
los gritos de los niños
                    Príncipes en harapos
a la orilla del río atormentado
rezan orinan meditan

                    El presente es perpetuo
se abren las compuertas del año
                              el día salta
        ágata

El pájaro caído
entre la calle Montalambert y la de Bac
es una muchacha
                    detenida
sobre un precipicio de miradas
Si el agua es fuego
                    llama
En el centro de la hora redonda
                              encandilada
        potranca alazana
Un haz de chispas
                    una muchacha real
entre las casas y las gentes espectrales
presencia chorro de evidencias
yo vi a través de mis actos irreales
la tomé de la mano
                    juntos atravesamos
los cuatro espacios los tres tiempos
pueblos errantes de reflejos
y volvimos al día del comienzo

El presente es perpetuo
                    21 de junio
hoy comienza el verano
                    Dos o tres pájaros
inventan un jardín
                    Tú lees y comes un durazno

sobre la colcha roja
                    desnuda
como el vino en el cántaro de vidrio
                    Un gran vuelo de cuervos
En Santo Domingo mueren nuestros hermanos
Si hubiera parque no estarían ustedes aquí
                    Nosotros nos roemos los codos
En los jardines de su alcázar de estío
Tipú Sultán plantó el árbol de los jacobinos
luego distribuyó pedazos de vidrio
entre los oficiales ingleses prisioneros
y ordenó que se cortasen el prepucio
y se lo comiesen
                    El siglo
se ha encendido en nuestras tierras
¿Con su lumbre
                    las manos abrasadas
los constructores de catedrales y pirámides
levantarán sus casas transparentes?

                              El presente es perpetuo
El sol se ha dormido entre tus pechos
La colcha roja es negra y palpita
Ni astro ni alhaja
                    fruta
tú te llamas dátil
                    datia

castillo de sal si puedes
                              mancha escarlata
sobre la piedra empedernida
Galerías terrazas escaleras
desmanteladas salas nupciales
del escorpión
                    Ecos repeticiones
relojería erótica
                      deshora
                          Tú recorres
los patios taciturnos bajo la tarde impía
manto de agujas en tus hombros indemnes
Si el fuego es agua
                        eres una gota diáfana
la muchacha real
                        transparencia del mundo

El presente es perpetuo
                          Los montes
      soles destazados
petrificada tempestad ocre
                              El viento rasga
            ver duele
El cielo es otro abismo más alto
Garganta de Salang
la nube negra sobre la roca negra
El puño de la sangre golpea

104

                        puertas de piedra
sólo el agua es humana
en estas soledades despeñadas
Sólo tus ojos de agua humana
                        Abajo
en el espacio hendido
el deseo te cubre con sus dos alas negras
Tus ojos se abren y se cierran
                        animales fosforescentes
Abajo
        el desfiladero caliente
la ola que se dilata y se rompe
                        tus piernas abiertas
el salto blanco
la espuma de nuestros cuerpos abandonados

                        El presente es perpetuo
El morabito regaba la tumba del santo
sus barbas eran más blancas que las nubes
Frente al moral
              al flanco del torrente
repetiste mi nombre
              dispersión de sílabas
Un adolescente de ojos verdes
te regaló una granada
                        Al otro lado del Amu-Darya
humeaban las casitas rusas

                                                    105

El son de la flauta usbek
era otro río invisible y más puro
En la barcaza el batelero estrangulaba pollos
El país es una mano abierta
                                        sus líneas
            signos de un alfabeto roto
Osamentas de vacas en el llano
Bactriana
                estatua pulverizada
yo recogí del polvo unos cuantos nombres
Por esas sílabas caídas
granos de una granada cenicienta
juro ser tierra y viento
                                        remolino
sobre tus huesos

                        El presente es perpetuo
La noche entra con todos sus árboles
noche de insectos eléctricos y fieras de seda
noche de yerbas que andan sobre los muertos
conjunción de aguas que vienen de lejos
murmullos
                        los universos se desgranan
un mundo cae
                        se enciende una semilla
cada palabra palpita
                        Oigo tu latir en la sombra

106

enigma en forma de reloj de arena
                             mujer dormida

Espacio espacios animados
Anima mundi
              materia maternal
perpetua desterrada de sí misma
y caída perpetua en su entraña vacía
                          Anima mundi
madre de las razas errantes
                     de soles y de hombres
Emigran los espacios
               el presente es perpetuo

En el pico del mundo se acarician
Shiva y Parvati
             Cada caricia dura un siglo
para el dios y para el hombre
                      un mismo tiempo
un mismo despeñarse
              Lahor
                río rojo barcas negras
entre dos tamarindos una niña descalza
y su mirar sin tiempo
             Un latido idéntico
muerte y nacimiento
Entre el cielo y el agua suspendidos
unos cuantos álamos

vibrar de luz más que vaivén de hojas

¿suben o bajan?

El presente es perpetuo

Llueve sobre mi infancia

llueve sobre el jardín de la fiebre
flores de sílex árboles de humo
En una hoja de higuera tú navegas
por mi frente

La lluvia no te moja

eres la llama de agua

la gota diáfana de fuego

derramada sobre mis párpados
Yo veo a través de mis actos irreales
el mismo día que comienza

Gira el espacio

arranca sus raíces el mundo
no pesan más que el alba nuestros cuerpos

tendidos

MADRIGAL

Más transparente
que esa gota de agua
entre los dedos de la enredadera
mi pensamiento tiende un puente
de ti misma a ti misma
                    Mírate
mas real que el cuerpo que habitas
fija en el centro de mi frente

Naciste para vivir en una isla

EJEMPLO

El trueno anda por el llano
el cielo esconde todos sus pájaros
Sol desollado
    bajo su luz final
las piedras son más piedras

Rumor de follajes inciertos
como ciegos que buscan su camino
Dentro de unos instantes
noche y agua serán un solo cuerpo

CON LOS OJOS CERRADOS

Con los ojos cerrados
te iluminas por dentro
eres la piedra ciega

Noche a noche te labro
con los ojos cerrados
eres la piedra franca

Nos volvemos inmensos
sólo por conocernos
con los ojos cerrados

PASAJE

Más que aire
                    más que agua
más que labios
                    ligera ligera

Tu cuerpo es la huella de tu cuerpo

CONTIGO

Ráfagas turquesa
loros fugaces en parejas
                        Vehemencias
el mundo llamea
                        Un árbol
hirviente de cuervos
arde sin quemarse
                        Quieta
entre los altos tornasoles
                        eres
una pausa de la luz
                        El día
es una gran palabra clara
palpitación de vocales
                        Tus pechos
maduran bajo mis ojos
                        Mi pensamiento
es más ligero que el aire
                        Soy real
veo mi vida y mi muerte
El mundo es verdadero
Veo
        habito una transparencia

Acribillada por la luz
                    una mitad del muro
salina vertical
              La cortina su derramada sombra
azul marejada
               sobre la cal del otro lienzo
Afuera el sol combate con el mar
El piso de ladrillo
                 respirado respirante
El azul se tiende
              sobre la cama se extiende
Una almohada rosada sostiene
                    una muchacha
El vestido lacre todavía caliente
                    los ojos
entrecerrados no por la espera
                  por la visitación
Está descalza
            La plata tosca enlaza
refresca
          un brazo desnudo
Sobre sus pechos valientes baila el puñal del sol
Hacia su vientre
               eminencia inminencia

sube una línea de hormigas negras
Abre los ojos
                    de la miel quemada
la miel negra
                    al centelleo de la amapola
la luz negra
                    Un jarro sobre la mesa
Un girasol sobre el jarro
                              La muchacha
sobre la manta azul
                    un sol más fresco

MAITHUNA

Mis ojos te descubren
desnuda
   y te cubren
con una lluvia cálida
de miradas

*
Una jaula de sonidos
     abierta
en plena mañana
     más blanca
que tus nalgas
    en plena noche
tu risa
  o más bien tu follaje
tu camisa de luna
     al saltar de la cama

Luz cernida
    la espiral cantante
devana la blancura
      Aspa
X
 plantada en un abra

*

Mi día
          en tu noche
revienta
          Tu grito
salta en pedazos
                    La noche
esparce
          tu cuerpo
Resaca
          tus cuerpos
se anudan
Otra vez tu cuerpo

*

Hora vertical
                    la sequía
mueve sus ruedas espejeantes
Jardín de navajas
                    festín de falacias
Por esas reverberaciones
                    entras
ilesa
     en el río de mis manos

117

*

Más rápida que la fiebre
nadas en lo oscuro
                    tu sombra es más clara
entre las caricias
                    tu cuerpo es más negro
Saltas
        a la orilla de lo improbable
toboganes de cómo cuando porque sí
Tu risa incendia tu ropa
                        tu risa
moja mi frente mis ojos mis razones
Tu cuerpo incendia tu sombra
Te meces en el trapecio del miedo
los terrores de tu infancia
                        me miran
desde tus ojos de precipicio
                            abiertos
en el acto de amor
                    sobre el precipicio
Tu cuerpo es más claro
                        tu sombra es más negra
Tú ríes sobre tus cenizas

*

Lengua borgoña de sol flagelado
lengua que lame tu país de dunas insomnes

118

cabellera
      lengua de látigos
                  lenguajes
sobre tu espalda desatados
                entrelazados
sobre tus senos
        escritura que te escribe
con letras aguijones
           te niega
con signos tizones
           vestidura que te desviste
escritura que te viste de adivinanzas
escritura en la que me entierro
                Cabellera
gran noche súbita sobre tu cuerpo
jarra de vino caliente
          derramado
sobre las tablas de la ley
nudo de aullidos y nube de silencios
racimo de culebras
        racimo de uvas
pisoteadas
      por las heladas plantas de la luna
lluvia de manos de hojas de dedos de viento
sobre tu cuerpo
      sobre mi cuerpo sobre tu cuerpo
Cabellera

              follaje del árbol de huesos
el árbol de raíces aéreas que beben noche en el sol
El árbol carnal   El árbol mortal

*

Anoche
         en tu cama
éramos tres:
Tú   yo   la luna

*

Abro
      los labios de tu noche
húmedas oquedades
                        ecos
desnacimientos:

                        blancor
súbito de agua
                  desencadenada

*

Dormir dormir en ti
o mejor despertar
                    abrir los ojos
en tu centro
                  negro blanco negro

blanco
        Ser sol insomne
que tu memoria quema
                            (y
la memoria de mí en tu memoria

*

Y nueva nubemente sube
savia
        (salvia te llamo
llama)
            El tallo
estalla
        (llueve
nieve ardiente)
                    Mi lengua está
allá
    (En la nieve se quema
tu rosa)
            Está
ya
    (sello tu sexo)
                    el alba
salva

AS DEL VERANO

Oye la palpitación del espacio
son los pasos de la estación en celo
sobre las brasas del año

Rumor de alas y de crótalos
tambores lejanos del chubasco
crepitación y jadeo de la tierra
bajo su vestidura de insectos y raíces

La sed despierta y construye
sus grandes jaulas de vidrio
donde tu desnudez es agua encadenada
agua que canta y se desencadena

Armada con las armas del verano
entras en mi cuarto entras en mi frente
y desatas el río del lenguaje
mírate en estas rápidas palabras

El día se quema poco a poco
sobre el paisaje abolido
tu sombra es un país de pájaros
que el sol disipa con un gesto

LA LLAVE DE AGUA

Adelante de Rishikesh
el Ganges es todavía verde.
El horizonte de vidrio
se rompe entre los picos.
Caminamos sobre cristales.
Arriba y abajo
grandes golfos de calma.
En los espacios azules
rocas blancas, nubes negras.
Dijiste:
le pays est plein de sources.
Esa noche mojé mis manos en tus pechos.

123

CIMA Y GRAVEDAD

Hay un árbol inmóvil
hay otro que avanza
                              un río de árboles
golpea mi pecho
                              Es la dicha
el oleaje verde

Tú estás vestida de rojo
                              eres
el sello del año abrasado
el tizón carnal
                              el astro frutal
en ti como el sol

                              La hora reposa
sobre un abismo de claridades
la altura se nubla de pájaros
sus picos construyen la noche
sus alas sostienen al día

Plantada en la cresta de la luz
entre la fijeza y el vértigo
                      tú eres
            la balanza diáfana

EJE

Por el arcaduz de sangre
mi cuerpo en tu cuerpo
                         manantial de noche
mi lengua de sol en tu bosque
                              artesa tu cuerpo
trigo rojo yo
              Por el arcaduz de hueso
yo noche yo agua
                 yo bosque que avanza
yo lengua
          yo cuerpo
                     yo hueso de sol
Por el arcaduz de noche
                        manantial de cuerpos
tú noche del trigo
                   tú bosque en el sol
tú agua que espera
                   tú artesa de huesos
Por el arcaduz de sol
                      mi noche en tu noche
mi sol en tu sol
                 mi trigo en tu artesa
tu bosque en mi lengua
                       Por el arcaduz del cuerpo

el agua en la noche

                tu cuerpo en mi cuerpo

Manantial de huesos

                Manantial de soles

CUSTODIA

El nombre
Sus   sombras
El hombre   La hembra
El mazo   El gong
La i   La o
La torre   El aljibe
El índice   La hora
El hueso   La rosa
El rocío   La huesa
El venero   La llama
El tizón   La noche
El río   La ciudad
La quilla   El ancla
El hembro   La hombra
El hombre
Su cuerpo de nombres

Tu nombre en mi nombre En tu nombre mi nombre
Uno frente al otro uno contra el otro uno en torno al otro
El uno en el otro
Sin nombres

DOMINGO EN LA ISLA DE ELEFANTA

IMPRECACIÓN

Al pie de las sublimes esculturas,
desfiguradas por los musulmanes y los portugueses,
la multitud ha dejado un *picnic* de basura
para los cuervos y los perros.
Yo la condeno a renacer cien veces
en un muladar,
                        como a los otros,
por eones, en carne viva han de tallarlos
en el infierno de los mutiladores de estatuas.

INVOCACIÓN

Shiva y Parvati:
                        los adoramos
no como a dioses,
                        como a imágenes
de la divinidad de los hombres.
Ustedes son lo que el hombre hace y no es,
lo que el hombre ha de ser
cuando pague la condena del quehacer.
Shiva:
        tus cuatro brazos son cuatro ríos,

cuatro surtidores.

Todo tu ser es una fuente
y en ella se baña la linda Parvati,
en ella se mece como una barca graciosa.
El mar palpita bajo el sol:
son los gruesos labios de Shiva que sonríe;
el mar es una larga llamarada:
son los pasos de Parvati sobre las aguas.
Shiva y Parvati:

la mujer que es mi mujer
y yo,

nada les pedimos, nada
que sea del otro mundo:

sólo

la luz sobre el mar,
la luz descalza sobre el mar y la tierra dormidos.

CUENTO DE DOS JARDINES

Una casa, un jardín,
                          no son lugares:
giran, van y vienen.
                          Sus apariciones
abren en el espacio
                          otro espacio,
otro tiempo en el tiempo.
                          Sus eclipses
no son abdicaciones:
                          nos quemaría
la vivacidad de uno de esos instantes
si durase otro instante.
                          Estamos condenados
a matar el tiempo:
                          así morimos,
poco a poco.
                 Un jardín no es un lugar.
Por un sendero de arena rojiza
entramos en una gota de agua,
bebemos en su centro verdes claridades,
por la espiral de las horas
                          ascendemos
hasta la punta del día
                          descendemos

130

hasta la consumación de su brasa.
Fluye el jardín en la noche,

                    río de rumores.

Aquel de Mixcoac, abandonado,
cubierto de cicatrices,

                    era un cuerpo
a punto de desplomarse.

                    Yo era niño
y el jardín se parecía a mi abuelo.
Trepaba por sus rodillas vegetales
sin saber que lo habían condenado.
El jardín lo sabía:

                  `esperaba su destrucción
como el sentenciado el hacha.
La higuera era la diosa,

                    la Madre.
Zumbar de insectos coléricos,
los sordos tambores de la sangre,
el sol y su martillo,
el verde abrazo de innumerables brazos.
La incisión del tronco:

                    el mundo se entreabrió.
Yo creí que había visto a la muerte:

                                        vi
la otra cara del ser,

                    la vacía,

el fijo resplandor sin atributos.

Se agolpan, en la frente del Ajusco,
las blancas confederaciones.
                              Ennegrecen,
son ya una masa cárdena,
una protuberancia enorme que se desgarra:
el galope del aguacero cubre todo el llano.
Llueve sobre lavas:
                    danza el agua
sobre la piedra ensangrentada.
                              Luz, luz:
substancia del tiempo y sus inventos.
Meses como espejos,
uno en el otro reflejado y anulado.
Días en que no pasa nada,
contemplación de un hormiguero,
sus trabajos subterráneos,
sus ritos feroces.
                    Inmerso en la luz cruel,
expiaba mi cuerpo-hormiguero,
                              espiaba
la febril construcción de mi ruina.
Élitros:
el afilado canto del insecto
corta las yerbas secas.
                    Cactos minerales,

lagartijas de azogue en los muros de adobe,
el pájaro que perfora el espacio,
sed, tedio, tolvaneras,
impalpables epifanías del viento.
Los pinos me enseñaron a hablar solo.
En aquel jardín aprendí a despedirme.

Después no hubo jardines.
                          Un día,
como si regresara,
                    no a mi casa,
al comienzo del Comienzo,
                              llegué a una claridad.
Espacio hecho de aire
                        para los juegos pasionales
del agua y de la luz.
                        Diáfanas convergencias:
del gorjeo del verde
                        al azul más húmedo
al gris entre brasas
                        al más llagado rosa
al oro desenterrado.
                        Oí un rumor verdinegro
brotar del centro de la noche: el *nim.*
                                  El cielo,
con todas sus joyas bárbaras,
                          sobre sus hombros.

El calor era una mano inmensa que se cerraba,
se oía el jadeo de las raíces,
la dilatación del espacio,
el desmoronamiento del año.
                                El árbol no cedía.
Grande como el monumento a la paciencia,
justo como la balanza que pesa
                        la gota de rocío,
                        el grano de luz,
                        el instante.
Entre sus brazos cabían muchas lunas.
Casa de las ardillas,
                        mesón de los mirlos.

La fuerza es fidelidad,
                        el poder acatamiento:
nadie acaba en sí mismo,
                        un todo es cada uno
en otro todo,
                        en otro uno.
El otro está en el uno,
                        el uno es otro:
somos constelaciones.
                        El *nim*, enorme,
sabía ser pequeño.
                        A sus pies
supe que estaba vivo,

                    supe
que morir es ensancharse,
                    negarse es crecer.
Aprendí,
        en la fraternidad de los árboles,
a reconciliarme,
                no conmigo:
con lo que me levanta, me sostiene, me deja caer.

Me crucé con una muchacha.
                    Sus ojos:
el pacto del sol de verano con el sol de otoño.
Partidaria de acróbatas, astrónomos, camelleros.
Yo de fareros, lógicos, sadúes.
                    Nuestros cuerpos
se hablaron, se juntaron y se fueron.
Nosotros nos fuimos con ellos.
                    Era el monzón.
Cielos de yerba machacada
                y el viento en armas
por las encrucijadas.
                Por la niña del cuento,
marinera de un estanque en borrasca,
la llamé Almendrita.
                No un nombre:
un velero intrépido.
                Llovía,

la tierra se vestía y así se desnudaba,
las serpientes salían de sus hoyos,
la luna era de agua,
                    el sol era de agua,
el cielo se destrenzaba,
sus trenzas eran ríos desatados,
los ríos tragaban pueblos,
muerte y vida se confundían,
amasijo de lodo y de sol,
estación de lujuria y pestilencia,
estación del rayo sobre el árbol de sándalo,
tronchados astros genitales
                              pudriéndose
resucitando en tu vagina,
                        madre India,
India niña,
empapada de savia, semen, jugos, venenos.

A la casa le brotaron escamas.
                              Almendrita:
llama intacta entre el culebreo y el ventarrón,
en la noche de hojas de banano
                              ascua verde,
hamadríada,
          yakshi:
                  risas en el matorral,
manojo de albores en la espesura,

136

                        más música
que cuerpo,
                más fuga de pájaro que música,
más mujer que pájaro:
                        sol tu vientre,
sol en el agua,
                agua de sol en la jarra,
grano de girasol que yo planté en mi pecho,
ágata,
        mazorca de llamas en el jardín de huesos.

Chuang-Tseu le pidió al cielo sus luminarias,
sus címbalos al viento,
                        para sus funerales.
Nosotros le pedimos al *nim* que nos casara.
Un jardín no es un lugar:
                        es un tránsito,
una pasión.
                No sabemos hacia dónde vamos,
transcurrir es suficiente,
                        transcurrir es quedarse:
una vertiginosa inmovilidad.
                        Las estaciones,
oleaje de los meses.
                Cada invierno
una terraza sobre el año.
                        Luz bien templada,

resonancias, transparencias,

                    esculturas de aire
disipadas apenas pronunciadas:

                        ¡sílabas,
islas afortunadas!

                Engastado en la yerba
el gato Demóstenes es un carbón luminoso,
la gata Semíramis persigue quimeras,

                    acecha
reflejos, sombras, ecos.

                Arriba,
sarcasmos de cuervos;

                el urugayo y su hembra,
príncipes desterrados;

                la upupa,
pico y penacho, un alfiler engalanado;
la verde artillería de los pericos;
los murciélagos color de anochecer.
En el cielo

            liso, fijo, vacío,
el milano

            dibuja y borra círculos.

Ahora,

        quieto

            sobre la arista de una ola:
un albatros,

                    peñasco de espuma.
Instantáneo,
                se dispersa en alas.
No estamos lejos de Durban
                            (allí estudió Pessoa).
Cruzamos un petrolero.
                    Iba a Mombasa,
ese puerto con nombre de fruta.
                            (En mi sangre:
Camoens, Vasco de Gama y los otros. . .)
El jardín se ha quedado atrás.
                            ¿Atrás o adelante?
No hay más jardines que los que llevamos dentro.
¿Qué nos espera en la otra orilla?
Pasión es tránsito:
                la otra orilla está aquí,
luz en el aire sin orillas,
                    Prajnaparamita,
Nuestra Señora de la Otra Orilla,
                            tú misma,
la muchacha del cuento,
                    la alumna del jardín.
Olvidé a Nagarjuna y a Dharmakirti
                            en tus pechos,
en tu grito los encontré,
                    Maithuna,
                        dos en uno,

                                                139

uno en todo,
                todo en nada,
                        ¡*sunyata*,
plenitud vacía,
                vacuidad redonda como tu grupa!

                Los cormoranes:
                sobre un charco de luz
                pescan sus sombras.

La visión se disipa en torbellinos,
hélice de diecisiete sílabas
                        dibujada en el mar
no por Basho:
                por mis ojos, el sol y los pájaros,
hoy, hacia las cuatro,
                        a la altura de Mauritania.
Una ola estalla:
                mariposas de sal.
Metamorfosis de lo idéntico.

                        A esta misma hora
Delhi y sus piedras rojas,
                        su río turbio,
sus domos blancos,
                        sus siglos en añicos,
se transfigura:
                arquitecturas sin peso,

140

cristalizaciones casi mentales.

Desvanecimientos,
alto vértigo sobre un espejo.

El jardín se abisma.
Ya es un nombre sin substancia.

Los signos se borran:

yo miro la claridad

BLANCO
(1966)

Como no ha sido posible reproducir aquí todas las características de la edición original de *Blanco* (México, 1967), señalo que este poema debería leerse como una sucesión de signos sobre una página única; a medida que avanza la lectura, la página se desdobla: un espacio que en su movimiento deja aparecer el texto y que, en cierto modo, lo produce. Algo así como el viaje inmóvil al que nos invita un rollo de pinturas y emblemas tántricos: si lo desenrollamos, se despliega ante nuestros ojos un ritual, una suerte de procesión o peregrinación hacia ¿dónde? El espacio fluye, engendra un texto, lo disipa —transcurre como si fuese tiempo. A esta disposición de orden temporal y que es la forma que adopta el curso del poema: su discurso, corresponde otra, espacial: las distintas partes que lo componen están distribuidas como las regiones, los colores, los símbolos y las figuras de un mandala. . . La tipografía y la encuadernación de la primera edición de *Blanco* querían subrayar no tanto la presencia del texto como la del espacio que lo sostiene: aquello que hace posible la escritura y la lectura, aquello en que terminan toda escritura y lectura.

Blanco es una composición que ofrece la posibilidad de varias lecturas, a saber:

a] En su totalidad, como un solo texto;

b] la columna del centro, con exclusión de las de izquierda y derecha, es un poema cuyo tema es el tránsito de la palabra, del silencio al silencio (de lo "en blanco" a lo blanco —al blanco), pasando por cuatro estados: amarillo, rojo, verde y azul;

c] la columna de la izquierda es un poema erótico dividido en cuatro momentos que corresponden a los cuatro elementos tradicionales;

d] la columna de la derecha es otro poema, contrapunto del anterior y compuesto de cuatro variaciones sobre la sensación, la percepción, la imaginación y el entendimiento;

e] cada una de las cuatro partes formadas por dos columnas puede leerse, sin tener en cuenta esa división, como un solo texto: cuatro poemas independientes;

f] la columna del centro puede leerse como seis poemas sueltos y las de izquierda y derecha como ocho.

By passion the world is bound, by
passion too it is released.

The Hevajra Tantra

Avec ce seul objet dont le Néant s'honore.

STÉPHANE MALLARMÉ

el comienzo
    el cimiento

la simiente
    latente

la palabra en la punta de la lengua
inaudita   inaudible

    impar   nula

grávida
    sin edad

la enterrada con los ojos abiertos
inocente   promiscua
    la palabra

sin nombre   sin habla

Sube y baja,
escalera de escapulario,
el lenguaje deshabitado.
Bajo la piel de la penumbra
late una lámpara.

       Superviviente
entre las confusiones taciturnas,   asciende

en un tallo de cobre
       resuelto
en un follaje de claridad:
          amparo
de caídas realidades.
       O dormido
o extinto,
      alto en su vara

(cabeza en una pica),

un girasol

ya luz carbonizada

sobre un vaso

de sombra.

En la palma de una mano

ficticia,

flor

ni vista ni pensada:

oída,

aparece

amarillo

cáliz de consonantes y vocales

incendiadas.

en el muro la sombra del fuego
en el fuego tu sombra y la mía

llama rodeada de leones
leona en el circo de las llamas
ánima entre las sensaciones

el fuego te desata y te anuda
    Pan Grial ascua
        Muchacha
tú ríes —desnuda
en los jardines de la llama

frutos de luces de bengala
los sentidos se abren
en la noche magnética

    La pasión de la brasa compasiva

Un pulso, un insistir,
oleaje de sílabas húmedas.
Sin decir palabra
oscurece mi frente
un presentimiento de lenguaje.
Patience patience
(Livingston en la sequía)
river rising a little.
El mío es rojo y se agosta
entre sableras llameantes:
Castillas de arena, naipes rotos
y el jeroglífico (agua y brasa)
en el pecho de México caído.
Polvo soy de aquellos lodos.
Río de sangre,
                río de historias

de sangre,
　　　río seco:
boca de manantial
amordazado
por la conjuración anónima
de los huesos,
por la ceñuda peña de los siglos
y los minutos:
　　　el lenguaje
es una expiación,
　　　　　propiciación
al que no habla, emparedado
cada día
　　　asesinado,
el muerto innumerable.

Hablar

mientras los otros trabajan

es pulir huesos,

        aguzar

silencios

        hasta la transparencia,

        hasta la ondulación,

            el cabrilleo,

      hasta el agua:

los ríos de tu cuerpo
país de latidos
entrar en ti
país de ojos cerrados
agua sin pensamientos
entrar en mí
al entrar en tu cuerpo
país de espejos en vela
país de agua despierta
en la noche dormida

me miro en lo que miro
como entrar por mis ojos
en un ojo más límpido
me mira lo que miro

delta de brazos del deseo
en un lecho de vértigos

el río de los cuerpos
astros infusorios reptiles
torrente de cinabrio sonámbulo
oleaje de las genealogías
juegos conjugaciones juglarías
subyecto y obyecto abyecto y absuelto
río de soles
"las altas fieras de la piel luciente"
rueda el río seminal de los mundos
el ojo que lo mira es otro río

es mi creación esto que veo
la percepción es concepción
agua de pensamientos
soy la creación de lo que veo

agua de verdad
verdad de agua

La transparencia es todo lo que queda

Paramera abrasada
del amarillo al encarnado
la tierra es un lenguaje calcinado.
Hay púas invisibles, hay espinas
en los ojos.

En un muro rosado
tres buitres ahítos.
No tiene cuerpo ni cara ni alma,
está en todas partes,

a todos nos aplasta:

este sol es injusto.

La rabia es mineral.

Los colores

se obstinan.

Se obstina el horizonte.

Tambores tambores tambores.

El cielo se ennegrece

como esta página.

Dispersión de cuervos.

Inminencia de violencias violetas.

Se levantan los arenales,

la cerrazón de reses de ceniza.

Mugen los árboles encadenados.

Tambores tambores tambores

Te golpeo cielo

tierra te golpeo

Cielo abierto tierra cerrada

flauta y tambor centella y trueno

te abro te golpeo

    Te abres tierra

tienes la boca llena de agua

Tu cuerpo chorrea cielo

Tierra revientas

tus semillas estallan

        verdea la palabra

157

se desata se esparce *árida ondulación*
se levanta se erige Ídolo *entre brazos de arena*
desnuda como la mente *brilla se multiplica se niega*
en la reverberación del deseo *renace se escapa se persigue*
girando girando *visión del pensamiento gavilán*
en torno a la idea negra cabra en la peña hendida
el vellón de la juntura *paraje desnudo*
en la mujer desnuda *snap-shot de un latido de tiempo*
pirausta nudo de presencias *real irreal quieto vibrante*
inmóvil bajo el sol inmóvil *pradera quemada*
del color de la tierra color de sol en la arena
la yerba de mi sombra *sobre el lugar de la juntura*
mis manos de lluvia *oscurecida por los pájaros*
sobre tus pechos verdes *beatitud suficiente*
mujer tendida *hecha a la imagen del mundo*
                    El mundo haz de tus imágenes

158

Del amarillo al rojo al verde,
peregrinación hacia las claridades,
la palabra se asoma a remolinos
azules.

Gira el anillo beodo,
giran los cinco sentidos
alrededor de la amatista
ensimismada.   Traslumbramiento:

no pienso, veo
        —no lo que veo,
los reflejos, los pensamientos veo.
Las precipitaciones de la música,
el número cristalizado.
Un archipiélago de signos.
Aerofanía,
        boca de verdades,
claridad que se anula en una sílaba
diáfana como el silencio:
no pienso, veo
        —no lo que pienso,
la cara en blanco del olvido,
el resplandor de lo vacío.
Pierdo mi sombra,
                avanzo

entre los bosques impalpables,
las esculturas rápidas del viento,
los sinfines,
　　　desfiladeros afilados,

avanzo,

　　mis pasos
　　　　se disuelven
　　en un espacio que se desvanece
　　en pensamientos que no pienso.

161

caes de tu cuerpo a tu sombra *no allá sino en mis ojos*
en un caer inmóvil de cascada *cielo y suelo se juntan*
caes de tu sombra a tu nombre *intocable horizonte*
te precipitas en tus semejanzas *yo soy tu lejanía*
caes de tu nombre a tu cuerpo *el más allá de la mirada*
en un presente que no acaba *las imaginaciones de la arena*
caes en tu comienzo *las disipadas fábulas del viento*
derramada en mi cuerpo *yo soy la estela de tus erosiones*
tú te repartes como el lenguaje *espacio dios descuartizado*
tú me repartes en tus partes *altar el pensamiento y el cuchillo*
vientre teatro de la sangre *eje de los solsticios*

yedra arbórea lengua tizón de frescura *el firmamento es macho y hembra*
temblor de tierra de tu grupa *testigos los testículos solares*
lluvia de tus talones en mi espalda *falo el pensar y vulva la palabra*
ojo jaguar en espesura de pestañas *espacio es cuerpo signo pensamiento*
la hendidura encarnada en la maleza *siempre dos sílabas enamoradas*
los labios negros de la profetisa *A d i v i n a n z a*
entera en cada parte te repartes *las espirales transfiguraciones*

162

tu cuerpo son los cuerpos del instante es cuerpo el tiempo el mundo
pensado soñado encarnado *visto tocado desvanecido*

horizonte de música tendida
puente colgante del color al aroma
olor desnudez en las manos del aire
cántico de los sabores
festín de niebla

contemplada por mis oídos
olida por mis ojos
acariciada por mi olfato
oída por mi lengua
comida por mi tacto

despoblar tu cuerpo
casa del viento

habitar tu nombre
caer en tu grito contigo

La irrealidad de lo mirado
da realidad a la mirada

En el centro
del mundo del cuerpo del espíritu
la grieta   el resplandor
                No
En el remolino de las desapariciones
el torbellino de las apariciones
                Sí
El árbol de los nombres
                        No
es una palabra
                Sí
es una palabra
                aire son nada
son
este insecto
revoloteando entre las líneas
de la página
                inacabada

164

    inacabable

El pensamiento
    revoloteando
entre estas palabras
      Son
tus pasos en el cuarto vecino
los pájaros que regresan
El árbol *nim* que nos protege
                los protege

Sus ramas acallan al trueno
apagan el relámpago
En su follaje bebe agua la sequía
Son
  esta noche
        (esta música)
Mírala fluir   entre tus pechos caer
sobre tu vientre

blanca y negra
primavera nocturna
            jazmín y ala de cuervo
tamborino y *sitar*
            No y Sí
juntos
        dos sílabas enamoradas

Si el mundo es real
            la palabra es irreal
Si es real la palabra
            el mundo
es la grieta el resplandor el remolino
No
las desapariciones y las apariciones
                                    Sí
el árbol de los nombres
            Real irreal

son palabras
    aire son nada

El habla
    irreal
da realidad al silencio
        Callar
es un tejido de lenguaje
            Silencio
sello
centelleo
      en la frente
en los labios
        antes de evaporarse
Apariciones y desapariciones
La realidad y sus resurrecciones
El silencio reposa en el habla

El espíritu
es una invención del cuerpo
El cuerpo
es una invención del mundo
El mundo
es una invención del espíritu
No   Sí
irrealidad de lo mirado
la transparencia es todo lo que queda
Tus pasos en el cuarto vecino
el trueno verde
                    madura
en el follaje del cielo
                    Estás desnuda
como una sílaba
                    como una llama
una isla de llamas
pasión de brasa compasiva

El mundo

      haz de tus imágenes

anegadas en la música

           Tu cuerpo

derramado en mi cuerpo

              visto

desvanecido

        da realidad a la mirada

Delhi, del 23 de julio al 25 de septiembre de 1966

NOTAS

Con la excepción de *Cuento de dos jardines*, compuesto durante una travesía marítima entre Bombay y Las Palmas, en noviembre de 1968, todos los poemas de este libro fueron escritos en India, Afganistán y Ceilán. Como en algunos pasajes aparecen palabras y alusiones a personas, ideas y cosas que podrían extrañar al lector no familiarizado con esa región del mundo, varios amigos me aconsejaron incluir, al final de este volumen, unas cuantas notas que aclarasen esas oscuridades —y otras no menos superfluas. Los obedezco, con el temor (¿la esperanza?) de que estas notas, lejos de disiparlos, aumenten los enigmas.

LADERA ESTE

EL BALCÓN
El poeta chino es Lin-Yu (937-978), último emperador de la dinastía Tang del Sur. Las líneas que cito pertenecen a un poema escrito en el destierro. *Pasos de un peregrino son errante*: primer verso de la dedicatoria de las *Soledades*.

TUMBA DE AMIR KHUSRÚ
El santuario de Nizam Uddin se encuentra en Delhi: una mezquita, un estanque y varias tumbas. Las más notables son la del santo y la del poeta. Nizam Uddin fue un teólogo y místico sufí del siglo XIV. Es célebre su disputa con el sultán Ghiryas-ud-in Tughluq. (Sobre este soberano: véanse los relatos de Ibn Bahtuta.) Amir Khusrú, amigo y discípulo de Nizam Uddin, fue poeta y músico. Aunque de origen afgano, se le considera el fundador de la poesía en lengua urdu. En su tumba hay una inscripción en persa, con el elogio de rigor: "Poeta de dulce habla de loro. . . ."

LA HIGUERA RELIGIOSA
Es el pipal (*Ficus religiosa*), primo hermano del baniano (*Ficus benghalensis*). Uno y otro "commonly start life from seed deposited by birds, squirrels, monkeys or fruit-eating bats, high upon a palm or other native tree. The roots grow downward, attached to the trunk of the supporting plant but they are not parasitic. . . The name *strangler* has become attached to fig trees which grow in this way, since their descending and encircling roots become at length largely or entirely confluent, forming a pseudo-trunk hollow at the centre

173

through which the dead or dying host plant passes. . . Roots of fig trees often enter cracks and crevises, thus causing serious injury to buildings and walls on which they are growing." (*Encyclopaedia Britannica*). El pipal es un árbol santo para los budistas y aparece frecuentemente en esculturas, pinturas, poemas y relatos religiosos. A su sombra, Gautama percibió la verdad y se convirtió en el Buda — el Iluminado. De ahí que se le llame el "árbol de la iluminación" (*boh* o *bodhi*). El pipal también es santo entre los hindúes. Está asociado al culto de Krisna y en sus ramas colgó el dios las ropas de las vaquerillas que se bañaban en el Jamuna — tema constante de poetas, pintores y escultores.

EL MAUSOLEO DE HUMAYÚN
Hijo de Babur, conquistador de la India, el emperador Humayún fue el padre del gran Akbar. La familia descendía de Timur o Tamerlán, el Tamburlaine de Marlowe, el Tamurbeque de Clavijo.

AL PINTOR SWAMINTHAN
Kali: la gran diosa, en su manifestación de destrucción creadora. Es negra y entre sus ornamentos figura un collar o guirnalda de cráneos.

EN LOS JARDINES DE LOS LODI
Los mausoleos de la dinastía Lodi (1451-1526), en Delhi.

EL DÍA EN UDAIPUR
Los palacios de Udaipur (Rajastán) pertenecen a la última fase, la rococó, del arte indo-sarraceno y son de los siglos XVII y XVIII.
Lingam: símbolo fálico de Shiva. *Yoni*: símbolo sexual de la gran diosa.
Con un traje alquilado / el niño va a su boda. . . En el bazar de Udaipur hay una tienda donde los novios — casi todos niños de las castas campesinas— alquilan los suntuosos trajes que exige la tradición para la ceremonia de las bodas.
En el patio de Kali / trisca un cabrito. . . En los santuarios de Kali se practica el sacrificio de cabritos. Los restos del animal decapitado se regalan y/o venden a devotos y mendigos. *Sobre el dios pálido / la diosa negra baila*. . . Kali danza sobre Shiva, el dios asceta, cubierto de cenizas, y se decapita a sí misma. Sobre el sentido del mito: cf. Henrich Zimmer, *Myths and Symbols in Indian Art and Civilization*, Nueva York, 1946.

WHITE HUNTRESS
Dak bungalow: antigua casa de postas, hoy albergue de viajeros en lugares apartados. *Holland and Holland*: marca de fusil de caza mayor.

GOLDEN LOTUSES (1, 2 y 3.)
Cf. el *King Ping Mei*.

GOLDEN LOTUSES (2)
Parsi: persa. Fugitivos de la invasión árabe, los parsis llegaron a la costa occidental de la India entre los siglos VII y VIII. Fieles a la tradición de Zoroastro, veneran al fuego.

PERPETUA ENCARNADA
Planta herbácea anual cuyas flores persisten meses enteros sin padecer alteración. En el poema: la poesía, el lenguaje.
Baniano: la Higuera de Bengala (*Ficus benghalenesis*). Sobre los "moeurs" de este árbol véase, más arriba, la nota relativa a la higuera religiosa.

POR LOS CAMINOS DE MYSORE
Tipú-Sultán, el Tigre de Mysore: príncipe musulmán que acaudilló, a fines del siglo XVIII, la lucha contra los ingleses. Entre sus consejeros políticos y militares figuraban varios oficiales franceses. Fundó el Club de los Jacobinos de Mysore y fue su primer (y único) Presidente. Murió como había vivido: guerreando. Los ingleses lo apodaron Tigre por su crueldad —real pero exagerada.
El Tigre de Alica: guerrillero mexicano del siglo XIX.

UTACAMUD
Hay una extensa literatura antropológica sobre los Toda, sus ritos asociados a la ordeña de búfalos sagrados, su sistema de parentesco, su poesía oral y los sacrificios de niños, reales o supuestos, que practicaban. Se ignora el origen de este grupo. Algunos ven en ellos a los descendientes de una colonia de comerciantes sumerio-babilonios que no pudo regresar a Mesopotamia por las invasiones arias del segundo milenario antes de Cristo. En abono de esta hipótesis, hoy vista con desconfianza por la mayoría de los antropólogos, sus partidarios citan las plegarias que recitan los sacerdotes al ordeñar los búfa-

los y en las que aparecen, más o menos deformados, los nombres de varias divinidades sumerio-babilonias, entre ellos el de la diosa Ishtar.

Nim: árbol corpulento, parecido al fresno.

COCHIN

El origen de la comunidad cristiana de Cochin remonta al siglo VII. Los cristianos de Cochin son nestorianos. A la llegada de los portugueses, establecieron vínculos con la iglesia de Roma.

Shivaíta: perteneciente al culto del dios Shiva.

APOTEOSIS DE DUPLEIX

Hasta hace poco la estatua del Conde de Dupleix se encontraba en una plaza de Pondichery, la antigua colonia francesa. A raíz de la independencia el pueblo empezó a embadurnarla con alquitrán, como si se tratase de una imagen de Hanuman, el dios mono, o de alguna otra divinidad popular. Las autoridades municipales decidieron retirar la estatua, que hoy debe yacer en los sótanos del consulado de Francia en esa ciudad.

MADURAI

Minakshi: una de las formas de la gran diosa, venerada en el país tamul.

FELICIDAD EN HERAT

Herat fue el foco principal del llamado "renacimiento timúrida", que renovó la civilización islámica en Persia y en la India. Shah Rakh, hijo y sucesor de Timur, era gobernador de Herat cuando Clavijo, el embajador español, visitó Samarcanda. (Sobre la atmósfera de Herat: véanse las *Memorias* de Babur.)

El viento de los cien días: sopla en el verano.

Memorias de un poeta santo: el místico y teólogo sufí Hazrat Khwaja Abdullah Ansar. Un espíritu libre, enemigo de la ortodoxia y también de las supersticiones. Pero ahora, en el jardín que rodea a su tumba, hay un árbol casi seco: los devotos clavan en su tronco clavos de hierro, como un remedio para curar o prevenir el mal de ojo y el dolor de muelas.

La cúpula turquesa: corona el mausoleo de Gahar Shad, la mujer de Shah Rakh. Está en un parque muy visitado cada viernes por las mujeres de Herat.

176

Bodisatva: un Buda futuro, antes de alcanzar el Nirvana. Para el budismo Hinayana el ideal de la perfección es el *Arhat*, el sabio que ha conquistado, por la meditación solitaria y al ejemplo del Buda, la beatitud; para los adeptos del budismo Mahayana, el ideal es el Bodisatva que, movido por una infinita sabiduría (*prajna*) y una compasión no menos infinita (*karuna*), ha renunciado al Nirvana para ayudar a todos los seres vivos en el camino hacia la iluminación (*bodhi*). Pero los Bodisatvas no son dioses ni tampoco santos, en el sentido cristiano y musulmán de la palabra: son no-entidades, su esencia es la vacuidad (*sunyata*).

Las treinta y dos señales: según los Sutras Mahayana en el cuerpo de los Bodisatvas hay ciertos signos y marcas, generalmente treinta y dos. No obstante, los mismos textos insisten en el carácter ilusorio de esas marcas: lo que distingue al Bodisatva de los otros seres es la ausencia de signos. . .

Cuerpo de diamante: la esencia del Buda es incorruptible como el diamante. El budismo tántrico es la "vía del rayo y del diamante" (*Vajrayana*).

PASO DE TANGHI GARU
Está en el antiguo camino de Cabul a Peshawar, hoy transitado apenas por los nómadas y uno que otro viajero curioso.

SHARJ TEPÉ
La Misión Arqueológica Francesa, a la que debemos tantos descubrimientos en Afganistán —el último: una ciudad helenística del siglo III A. C. en las márgenes del Oxus— localizó en Sharj Tepé, colina situada en el camino entre Pul-I-Khumari y Kunduz, un cementerio de hunos blancos, los nómadas que en los siglos IV y V destruyeron la civilización greco-iranio-budista de Bactriana y Gandara y que, en el norte de la India, contribuyeron al desmoronamiento del imperio Gupta.

VRINDABAN
Una de las ciudades santas del hinduísmo, en las cercanías de Mathura, célebre desde la Antigüedad por el culto a Krisna. Según la leyenda, en Vrindaban pasó el dios parte de su infancia y de su juventud; en los bosques de Vrindaban, hoy llanos pelados, obró prodigios, fascinó a las vaquerillas y enamoró a Radha.

Sadú: asceta vagabundo, religioso sin domicilio fijo.

Árbol azul: Krisna es azul y negro, como Mixcóatl.

En una piedra hendida / palpó la forma femenina: ciertas piedras son signos de la gran diosa, sobre todo si su forma alude a la hendidura sexual (*yoni*).

Ido, ido: en los Śutras Prajnaparamita figura con frecuencia la fórmula: *Ido, ido a la Otra Orilla*. O sea: traspasó (el sabio) el mundo fenomenal, vive ya en la otra orilla (la Perfecta Sabiduría).

HIMACHAL PRADESH (1, 2 y 3)

Estado en los Himalayas occidentales. Algunos piensan que los himnos védicos fueron compuestos en esta región.

INTERMITENCIAS DEL OESTE (1)

Poema escrito mientras leía el libro de R. Conquest sobre las purgas de la época de Stalin.

INTERMITENCIAS DEL OESTE (2)

Plateados: guerrilleros mexicanos que, bajo el mando de Rojas, combatieron a la intervención francesa en México.

HIMACHAL PRADESH (2)

Los Himalayas / las montañas más jóvenes del planeta: son del periodo terciario.

INTERMITENCIAS DEL OESTE (3)

El Comité Organizador del Programa Cultural de la Olimpiada en México me invitó a escribir un poema que celebrase el "espíritu olímpico". Decliné la invitación pero el giro de los acontecimientos me llevó a escribir este pequeño poema, en conmemoración de la matanza de Tlatelolco.

HIMACHAL PRADESH (3)

Poema escrito en mayo de 1968, durante el movimiento estudiantil de París.

LECTURA DE JOHN CAGE

Los libros de Cage son *Silence* (1961) y *A year from Monday* (1967). Las frases en inglés y subrayadas pertenecen al segundo. En la literatura budista Mahayana, especialmente en la tántrica, se repite una y otra vez la fórmula *Samsara es Nirvana, Nirvana es Samsara*. Es una expresión que condensa una de las ideas cardinales de la tendencia madhyamika: la identidad última entre la realidad fenomenal (Samsara: el ciclo del deseo ignorante de sí y de sus reencarnaciones) y la trascendental (Nirvana: un estado de beatitud indefinible excepto por la negación: no es ni esto ni aquello). Samsara y Nirvana son equivalentes porque ambos son modos de la vacuidad y el verdadero sabio trasciende su aparente dualidad. Pero el poema dice algo ligeramente distinto. . . (Cf. *Les Chants Mystiques de Kanha et Saraha*, traducción de M. Shabidullah, París, 1921. El poema de Saraha también ha sido traducido al inglés: *Budhist Texts through the ages*, Londres, 1954.)

CONCIERTO EN EL JARDÍN

Vina y mridangam: instrumentos musicales del sur de la India (escuela carnática).

CARTA A LEÓN FELIPE

Yamuna: río sagrado, afluente del Ganges.
Fijar vértigos: Rimbaud, en *Alquimia del Verbo*.
La frase de Bataille pertenece a *L'Expérience Intérieure*.
En los días en que escribí este poema se supo la muerte de Guevara. La noticia me conmovió y perturbó. Mis ideas no coincidían con las suyas y nunca aprobé sus métodos militares y políticos (Cf. *Postdata*, 1970, *El ogro filantrópico*, 1979, y otros textos míos.) Pero él murió no solamente por una ideología que no comparto, sino por la independencia y la unión de nuestras naciones.

SUNYATA

Sunyata es un término que designa el concepto central del budismo madhyamika: .la vacuidad absoluta. Un relativismo radical: todo es relativo e impermanente, sin excluir a la afirmación sobre la relatividad e impermanencia del mundo. La proposición que niega la realidad también se disuelve y así la negación del mundo por la crítica es asimismo su recuperación: *Samsara* es *Nirvana* porque todo es *sunyata*. (Cf. T. Stcherbatsky, *Buddhist Logic* y el comentario de Chandrakirti a Nagarjuna, *Prasanapada*, en la excelente traducción al francés de Jacques May.)

HACIA EL COMIENZO

VIENTO ENTERO

La primera estrofa se refiere al bazar de Cabul y al río que atraviesa
esa ciudad; la segunda alude a un barrio de París; las otras, a distintos lugares y parajes en el norte de India, Paquistán occidental y Afganistán.

Un gran vuelo de cuervos: Rubén Darío, en "Canto de esperanza",
no. 10 de *Cantos de vida y esperanza* (1905).

Si hubiera parque (municiones, pertrechos) *no estarían ustedes aquí*:
frase que los libros escolares de historia de México atribuyen al General Anaya. La dijo al entregar la plaza de Churubusco al General
Scott, jefe de las tropas yanquis imperialistas en 1847.

Tipú-Sultán plantó el árbol de los jacobinos: el hecho es histórico.
No aseguro lo mismo del sucedido a que se alude inmediatamente
después, aunque figura en algunos relatos y memorias de la época.

Datia: en la ciudad amurallada de ese nombre, en el estado de
Madhya Pradesh, se encuentra el palacio-castillo de Datia. Construido sobre un promontorio de peñascos negros, domina a la ciudad
y a la llanura. Según Fergusson, es el ejemplo más perfecto de la
arquitectura civil del siglo XVII. Fue edificado por órdenes de un "condotiero" al servicio del emperador Jahangir. Datia jamás ha sido
habitado, excepto por los murciélagos y las víboras, porque su propietario fue asesinado antes de que pudiese ocuparlo. La perfecta geometría de sus patios y galerías evoca, más que a los castillos de Sade,
al rigor delirante y circular de su pensamiento. Un solipsismo de
piedra responde (corresponde) al solipsismo verbal.

Garganta de Salang: paso en las montañas del Hindukush, entre Cabul y Kunduz.

Usbek: la nación usbek, de origen turco, se encuentra repartida entre
la URSS y Afganistán. El grupo afgano es nómada.

Bactriana: el pasaje alude a esta antigua provincia, uno de los grandes centros del helenismo no mediterráneo, víctima de los hunos
blancos y después de otras invasiones de los bárbaros del Asia
Central.

En un pico del mundo: el gran dios Shiva (*Mahadeva*) y Parvati, su
consorte, viven en el monte Kalaisa, en los Himalayas.

En una hoja de higuera tú navegas: alusión al cuento infantil *Almendrita.*

CON LOS OJOS CERRADOS
Piedra ciega: la preciosa que no tiene transparencia; *piedra franca*: la fácil de labrar.

MAITHUNA
Maithuna: las parejas eróticas que cubren los muros de ciertos templos budistas e hindúes; la unión sexual; el camino de la iluminación, en el budismo y el hinduísmo tántricos, por la conjunción de *karuna* (la Pasión) y *prajna* (la sabiduría). *Karuna* es el lado masculino de la realidad y *Prajna* el femenino. Su unión es *sunyata*: la vacuidad. . . vacía de su vacuidad.
El fragmento séptimo de este poema es una imitación de Li-Po.

DOMINGO EN LA ISLA DE ELEFANTA
Las esculturas de las cuevas shivaítas de Elefanta (siglo VII) cuentan entre las más hermosas del arte indio. Los relieves representan escenas de la leyenda de Shiva y Parvati. El celo religioso de los portugueses afrentó pero no destruyó la belleza de las esculturas.

CUENTO DE DOS JARDINES
Almendrita: cf. el cuento infantil de ese nombre.
Yakshi: divinidad femenina de los árboles y las plantas.
Prajnaparamita: *prajna* es sabiduría y *paramita* es perfección; la Perfecta Sabiduría; la otra orilla; divinidad femenina en el budismo Mahayana, como nuestra Sofía; la mujer y, en el budismo tántrico (*Vajrayana*), su vulva; la plenitud en el vacío.
Nagarjuna: filósofo budista del siglo II; *Dharmakirti*: lógico y poeta budista del siglo VII.

BLANCO

Escalera de escapulario: la de mano que cuelga pegada a la pared de los pozos en las minas.
Patience, patience. River rising a little: cf. el diario de Livingston.
Agua y brasa: el "agua quemada" de los aztecas. (*Cf. Pensamiento y religión en el México Antiguo*, de Laurette Sejourné.)
Las altas fieras de la piel luciente: cf. el soneto de Quevedo "Traigo todas las Indias en la mano. . ."
Zitar: instrumento musical del norte de la India.

CUENTO DE DOS JARDINES

Almendrita: cf. el cuento infantil de ese nombre.
Yakshi: divinidad femenina de los árboles y las plantas.
Prajnaparamita: *prajna* es sabiduría y *paramita* es perfección;
la Perfecta Sabiduría; la otra orilla; divinidad femenina en el
budismo Mahayana, como nuestra Sofía; la mujer y, en el bu-
dismo tántrico (*Vajrayana*), su vulva; la plenitud en el vacío.
Nagarjuna: filósofo budista del siglo II; *Dharmakirti*: lógico y
poeta budista del siglo VII.

BLANCO

Escalera de escapulario: la de mano que cuelga pegada a la
pared de los pozos en las minas.
Patience, patience. River rising a little: cf. el diario de Liv-
ingston.
Agua y brasa: el "agua quemada" de los aztecas. (Cf. *Pen-
samiento y religión en el México Antiguo*, de Laurette Se-
journé.)
Las altas fieras de la piel luciente: cf. el soneto de Quevedo
"Traigo todas las Indias en la mano..."
Zitar: instrumento musical del norte de la India.

ÍNDICE

ÍNDICE

LADERA ESTE

El balcón 11
Tumba de Amir Khusrú 17
La higuera religiosa 18
El mausoleo de Humayún 21
Al pintor Swaminathan 22
En los jardines de los Lodi 24
El día en Udaipur 25
White huntress 29
Golden Lotuses (1) 30
El otro 31
Golden Lotuses (2) 32
Caza real 33
Golden Lotuses (3) 34
Epitafio de una vieja 35
Perpetua encarnada 36
Por los caminos de Mysore 40
Utacamud 41
Cerca del Cabo Comorín 43
Efectos del bautismo 45
Cochin 46
Apoteosis de Dupleix 48
Madurai 49
Felicidad en Herat 50
Paso de Tanghi Garu 53
Sharj Tepé 54
Aparición 55

185

Pueblo 56
Vrindaban 57
Intermitencias del Oeste (1) 64
Himachal Pradesh (1) 65
Intermitencias del Oeste (2) 66
Himachal Pradesh (2) 67
Intermitencias del Oeste (3) 68
Himachal Pradesh (3) 70
Intermitencias del Oeste (4) 72
Tumba del poeta 73
Madrugada al raso 76
Un anochecer 77
La exclamación 78
Prójimo lejano 79
Lectura de John Cage 80
Soltura 85
Concierto en el jardín 86
Lo idéntico 87
Donde sin quien 88
Carta a León Felipe 89
Escritura 95
Concorde 96
Sunyata 97
Juventud 98

HACIA EL COMIENZO

Viento Entero 101
Madrigal 109
Ejemplo 110
Con los ojos cerrados 111
Pasaje 112
Contigo 113
Sol sobre una manta 114
Maithuna 116
    Mis ojos te descubren 116
    Una jaula de sonidos 116
    Mi día en tu noche 117
    Hora vertical 117
    Más rápida que la fiebre 118
    Lengua borgoña de sol 118
    Anoche 120
    Abro 120
    Dormir dormir en ti 120
    Y nueva nubemente sube 121
Las armas del verano 122
La llave de agua 123
Cima y gravedad 124
Eje 125
Custodia 127
Domingo en la Isla de Elefanta 128
Cuento de dos jardines 130

BLANCO
Advertencia **145**
Blanco **146**

NOTAS **171**

IMPRESO EN LITOGRAFÍA ROSÉS, S. A.
PROGRÉS, 54-60. POLÍGONO LA POST
GAVÁ (BARCELONA)